AF611552

A Reflection On Passing Time

紐約流光詩影

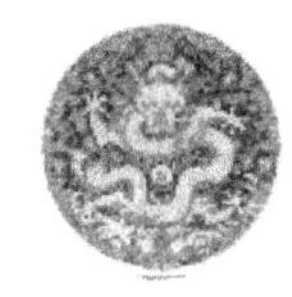

Long Publishing New York

龍出版•紐約

紐約流光詩影

主编　纽约桃花

選編　葛文潮　孫曉明

編輯　邱辛曄　洪君植

设计　Tyron Shi 石天龍

龍出版 紐約

2019年2月第三版

A Reflection On Passing Time

ISBN: 978-1-7320358-0-5

詩人

嚴力|馮晏|王渝|邱辛曄|張朗朗|
石村|伊沙|徐江|張宗子|子薑|黃翔
冰果|曹莉|淩嵐|胡桃|葛文潮|劉唄寧
金子言|魯鳴|陳銘華|水央|孫曉明|林小顏

藝術家

徐唯辛|馮良鴻|宋昕

攝影家

Tyron Shi（石天龍）|張紹億

插圖
劉唄寧|Everest Strayer|
Tyron Shi（石天龍）

前　言

纽约桃花

《紐約流光詩影》的出版屬於偶然的必然。2017年12月，紐約《六月荷詩苑》的創始人孫曉明找到我，希望出版一本詩刊。恰好，我和幾位合夥人剛創立了紐約龍出版，準備出版與紐約有關的文學藝術作品集，於是一拍即合。我馬上聯繫了我一向敬重的詩友，紐約7sArt七堂的堂主葛文潮，希望能夠與七堂一起出版這本詩集。葛文潮爽朗地答應了，並聯絡了幾位紐約華語詩人共襄盛舉。

2017年正好是紐約第一家發行的紙版中文詩刊《一行》的30週年紀念，在作家王渝的新書發布會上，作家兼詩人王渝和詩人嚴力與久違的畫家石村再次聚首。王渝與石村已經二十多年未見，而石村與嚴力最後一次邂逅還是在2000年的上海。八十年代末，王渝是紐約《僑報》文藝版的主編，嚴力創辦了紐約第一本中文詩歌季刊《一行》，年輕的畫家石村是一行的成員，也在僑報上發表詩歌，三個人的緣份由《一行》牽起，經歷了紐約當代藝術最鼎沸的年代。雖然近三十年未見，三個人再見依舊如故。儘管滄海桑田，歲月已在三個人的外貌上留下痕跡，但不變的卻是永遠年輕的內心和精神。這次遇見讓我感慨萬千。雖然，我並不認識《一行》時期的王渝，嚴力和石村，但八十年代末期我也正好從北京來到紐約，也正是風華正茂、心高氣盛的文藝青年，對紐約藝術文化的蓬勃發展也是有目共睹，因此，彼此的軌道也曾在某個點交叉而過。即便是擦肩，對他們的理解也自然比旁人多一分。

八月底，我和石村與嚴力等一眾朋友再次聚首紐約朋友家，談起《一行》於1987年在紐約創立十幾年所經歷的種種往事情懷，我覺得有機會應該再出一本詩集，向《一行》所代表的那個無法磨滅的紐約八九十年代致敬。畢竟，1987年創立的《一行》詩集當年是紐約中文藝術與詩歌的一個時代的里程碑，聚集了一批年輕有為的先鋒畫家詩人，如當時紐約的艾未未、張宏圖、姚慶章、張偉等畫家以及國內的崔健、貝嶺、劉湛秋、舒婷、海子等詩人。《一行》不僅讓遠離家園，初來乍到紐約的年輕藝術家重新找到了一個精神與心靈寄託的據點，也為當時國內的很多前衛藝術家詩人提供了一個作品發行的園地。這個想法到了2017年底時因我們決定出一本關於紐約詩集時愈加清晰起來，於是，我向嚴力和王渝約稿，得到了他們的大力支持。如此，一本有了主題的藝術詩集開始醞釀出來，起名為《紐約流光詩影》，意即歲月的流逝，紐約的詩歌情懷未逝，當年的詩人與今天的詩人一起追憶時代命運的似水年華，記錄今天這個在藝術文化，經濟政治等各方面都徹底改變的時代，可謂相映生輝。

紐約，作為一個世界大都會，有著與世界其他城市迥然不同的精神和特質。如同在紐約生活過六年的作家劉瑜在《紐約客》一文中指出那樣："紐約不是一個地點，而是一場永恆的狂歡節：永遠有音樂會、畫展、攝影展、電影節、示威遊行、政治會議、學術講座在進行。一個被定格在文化爆炸狀態中的城市"。多少世紀以來，紐約以隨著時代的改變而不斷進取的態度與獨樹一格、決不妥協的精神成為全球經濟與藝術的領軍者，因此，紐約已經不只是一個地名，而是代表著一種不同凡響的精神氣質。為了反映這種徹頭徹尾的紐約精神。《紐約流光詩影》收錄了几十首特色鮮明的詩歌，還收集了幾個風格不同的華人藝術家的作品。我認為，所有的藝術形式展現的都是背後的創造者。他們的經歷及世界觀形成了他們獨特的觀點，並通過各自的藝術形式表現出來，詩歌也好，藝術作品也罷，都可以折射這種紐約精神的共性。

在這本星光閃爍的藝術詩集裡，我們共匯合了二十九位多才多藝的紐約詩人、畫家，以及在紐約生活過的資深詩人與作家。詩人包括《一行》的創始人，畫家詩人嚴力；知名作家詩人王渝：《寧靜的地平線》的作者、画家張朗朗；曾經的先鋒詩人、畫家石村；多次獲得國際詩歌獎的先鋒作家詩人伊沙；中國當代詩歌獲獎詩人、作家、文化批評家徐江；诗歌被翻譯成多國文字的哈爾濱女詩人馮晏，出版多本散文集的翻譯家及詩人張宗子；兩次獲美國赫爾曼•哈默特言論自由作家獎的藝術家詩人黃翔；法拉盛圖書館副館長、專欄作家兼詩人邱辛曄；紐約詩人、台灣新詩首屆雙子星獎獲得者魯鳴；七堂堂主葛文潮；目前生活在美國的華語女詩人曹莉、冰果、凌嵐、子姜、胡桃與林小顏；紐約六月荷詩苑的成員則包括記者和編輯出身的女詩人金子言；出版過多本詩集的知名詩人陳銘華；紐約六月荷詩苑的主編、獲獎女詩人水央以及創始人孫曉明。藝術家包括為纽约中央车站百年慶典設計裝置作品的紐約女藝術家宋昕，曾在纽约做展，現在北京生活、工作的艺术家冯良鴻，在中美兩地工作的中國人民大學藝術學院教授、艺术家徐唯辛。這二十九位詩人與艺术家以他們完全不同的視角和生活閱歷展現了《紐約流光詩影》這本當代詩歌集的精髓。特別值得一提的是，我們在這本書裡介紹了五個才華橫溢的紐約九十後的作品，他們是91年出生的诗人及設計師劉唄寧及年輕攝影师張紹億，92年出生的新銳詩人林小顏，96年出生的水墨新人Everest Strayer 以及99年出生的設計新人Tyron Shi （石天龍）。他們為這本詩集注入了新一代紐約藝術家的新鮮血液。

由紐約六月荷詩苑以及紐約7sArt七堂策劃，紐約龍出版隆重推出的《紐約流光詩影》是一本與眾不同的詩集，它不僅反映了詩人與艺术家們所來自的故土對他們在思想、作品与精神上刻骨銘心的烙印，也展現出各自經歷過的【紐約】给予他們的影響。雖然，他們每一個人的人生軌跡不同，但紐約賦予了每個人一種自帶光源的能量，讓他們的作品綻放出卓爾不凡的光芒。如果，文學和藝術就是人心底的一道光，那麼这本艺术诗集里的詩人與藝術家就是創造文學藝術的光源。我希望，他們的光源能夠與閱讀者內心的光連接，形成更大的力量。

2018年2月10日修改於紐約

目　錄

插圖

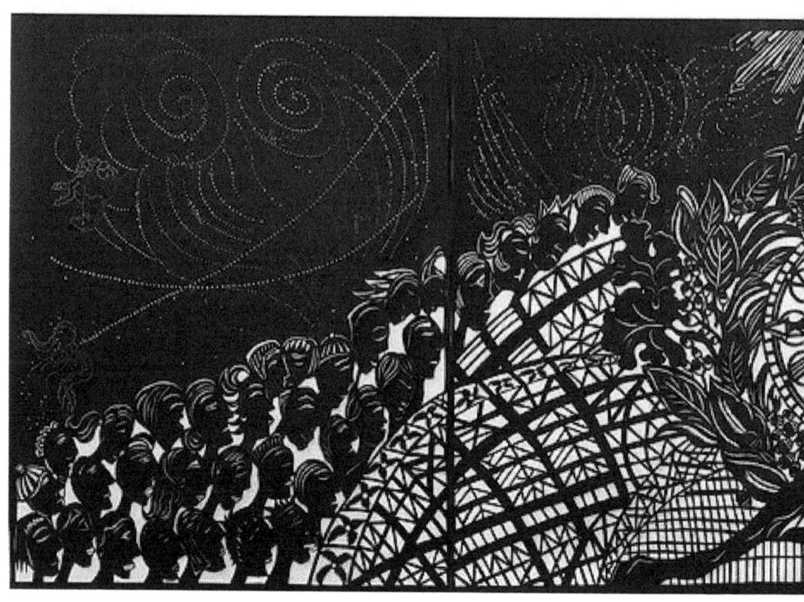

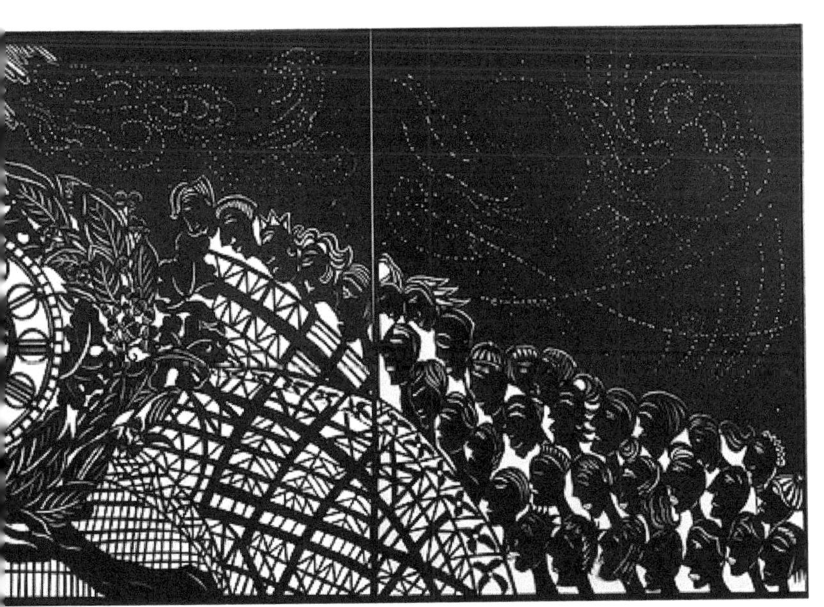

宋昕剪紙藝術裝置

慶祝紐約中央車站100週年慶典

2013年 紐約中央車站

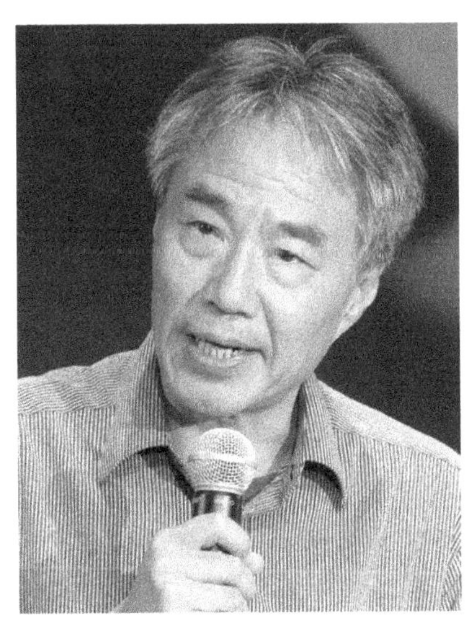

嚴力

詩人、藝術家，1954年生於北京。1973年開始詩歌創作, 1979年開始繪畫創作。是1979年北京先鋒藝術團體“星星畫會”和文學團體《今天》的成員。1984年在上海人民公園展覽廳舉辦了國內最早的先鋒藝術的個人畫展。1985年從北京留學紐約並於1987年在紐約創立《一行》詩刊, 任主編。嚴力出版的詩集、小說集、長篇小說、散文集、畫集等共有二十多本。

巧　遇

初春去了公園的河畔
因為先輩們早就發現
語言從柳枝上剛剛垂下來時
最適合朗誦
這天還巧遇了世界詩歌日
儘管它並不比其他的節日更出彩
但它被春光勾著手臂的出場像個王
恍惚中我看見
來不及迴避的黑暗
都在原地跪了下來

2015年3月21日獻給世界詩歌日

寫　意

寫意是最有效的抽象能力
藍和白被霧霾灰寫意了
權利被濫用的筆法寫意了
民主被插在瓶子裡的假花寫意了
民眾被短視的派別線條寫意了
族群間和族群內的互相宰殺
被生物鏈寫意了
我的眺望被流行藝術寫意了：

一張羊皮悠閒地吃著草
草吹著口哨

2017年8月

一百米

雖然只有一百米
但追逐者們一次次地
退回到起跑線上重新衝刺
但還是沒能跑進
9秒以內的文明

感受嚴力的紐約

馮晏

我和嚴力是十多年的朋友，他的歸屬地始終是處於紐約和上海之間，詩人與畫家之間。嚴力就是在這個“之間”的“路上”，一直圍繞先鋒藝術觀念，對自己的詩歌與繪畫創作進行不斷地嘗試。“在路上”這個詞語就像是嚴力一直在實驗與探索的創作狀態。同時，也像他現在的生活，時而去西雅圖探望女兒，時而與他美麗的妻子從紐約或者是上海飛往另外的國度。他創辦在紐約的《一行》詩刊的名字，我的理解也是處於行走中的意思，與影響了包括鮑勃•迪倫等藝術家們在內的凱魯亞克的《在路上》那種探索自由之路的藝術精神似乎相互吻合。我不知當時嚴力給刊物起名時，是否與同時住在紐約，並與之有一些交往上影響的金斯堡，以及垮掉派的創作理念是否有關聯。

嚴力在到紐約留學的兩年後，1987年就創辦了這本對國內現代詩寫作具引領性作用的先鋒藝術團體《一行》，可以說他的《一行》詩刊，當時引入了國內一代先鋒詩人對語言充滿新的渴望，以及實驗性探索的思維曲線。《一行》的出刊，所開啟的是一扇中國詩歌通往世界的紐約之窗。

我這次來紐約，是在波士頓燕京圖書館參加活動後途徑紐約回國，正趕上嚴力在紐約籌集《一行》創刊30週年紀念資料。從一個旁觀者，我答應嚴力談談《一行》，是因為我對嚴力的觀念性創作，多年來有一些相同的認知。

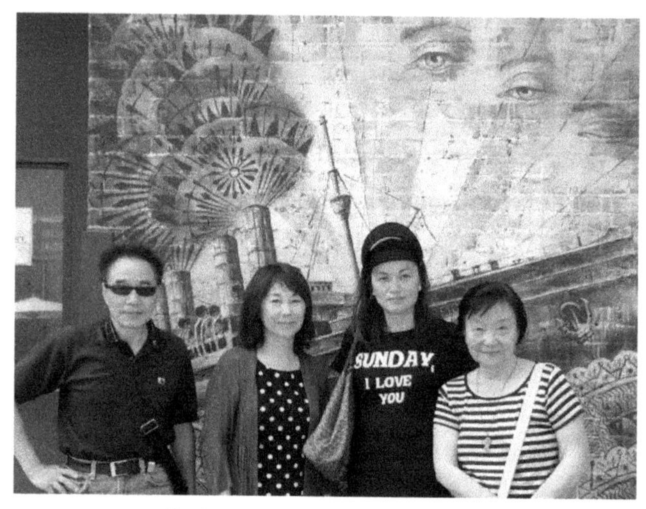

嚴力， 馮晏以及王渝等友人

接受新的藝術理念，嚴力是天才。嚴力的詩歌創作在先鋒精神的“創意性”方面一直都是超前的，就像美國，永遠把創造力的價值擺在首位。嚴力的詩歌，語言視角獨特，總是在詞語的結構上追求更多的意想不到。他的寫作似乎對漢語詩歌在語言的創意方面保持一種強調和提醒，包括《一行》，也寄予了他對推進國內先鋒詩歌創作所懷有的一份責任。是的，國內的先鋒詩歌創作從80年代一直走到當下，從簡單到復雜，嚴力的創作也在這些藝術經驗的反思中隨之演變著……。“還給我早上叫醒我的那隻雄雞，哪怕被你吃掉了也請把骨頭還給我”——嚴力《還給我》。這是嚴力近年來的詩句，在現實與超現實之間，語言強力比起以前，他的創作增加了深刻的辨析。

一直以來，嚴力的繪畫對他在詩句中向前深入的藝術觀念時常起到一種補充效果。我除了看到過他作為星星畫派成員時期的一些作品資料外，記得幾年前我在北京趕上了嚴力在首鋼改建的藝術區內的一次畫展，那是第一次看到嚴力在繪畫上使用一些老唱片做拼貼並置式的抽象表現主義創作。在那些作品裡，我辨認出嚴力在詩歌作品裡所融入的語調、音韻和旋律。也看到了同樣居住在紐約的一些前輩詩人在詩歌創作中對音樂、繪畫以及詩歌的連體呈現所留下的那些傑作與記憶。

紐約是嚴力的一件衣服。他的傳統與前衛在體內衝突而和諧。如果說嚴力的詩與畫作品所呈現出的是一種先鋒性視聽，他創辦的《一行》，在時間的長河里便是其中那無聲和沈默部分。有時，沉默本身就是一場重要的訴說。

去年夏天，源於一個沙龍里的活動主題，我又係統閱讀了有關紐約派詩人的一些作品。除了已經熟悉的阿什貝利、奧哈拉的詩歌，我又蒐集閱讀了貝里根、肯尼思. 科克等詩人的詩作。“他在井底歌唱，而她通過燕麥桿、蟾蜍，木板，三條纏在一起的蛇，聽見了他……。”（貝里根）。紐約派詩歌是我眼中創作水準最突出的一個詩歌流派。追求直接表現日常自我與日常經驗，從中尋找出人預料的並列與無法預見的姿態是他們追求的方法之一。在閱讀中，我聯想起被紐約派詩歌中那些看似擯棄技巧的方法所影響的一些傑出的詩人和藝術家們。就像紐約的著名導演吉姆.賈木許曾在一篇訪談中說：“紐約派詩人對我來說是教父一般的存在”。而這些影響在嚴力的詩歌與繪畫創作中也是如影隨形。

紐約派詩人的創作方法上與抽象表現主義繪畫的藝術觀念並行並進。以勃洛克為代表的紐約畫派所強調的潛意識和心理的力量元素，追求線與色彩的偶然性。以留給創作上更大的自由。這也正是紐約派詩歌所追尋的。所以雙棲、跨界是生活在紐約的藝術家們被影響後的自然觸及，就像嚴力，是詩人，也是畫家。紐約派詩人阿什貝利是後現代派的代表人物，畢業於哈佛大學和哥倫比亞大學，在紐約之前曾在法國《論壇報》任藝術評論員。奧哈拉曾經是紐約現代藝術館的策展人，他們共同的藝術理論和觀念對先鋒詩歌的發展起到了重要的引領作用。而嚴力於1996年寫的關於紐約的詩，結尾是這樣的：“紐約，紐約在世界的心臟裡面洗血，把血洗成流向世界各地的可口可樂。”這裡有對紐約的調侃和讚美、有對商業化冷漠的批判、也有不擇手段進行創新的含義。嚴力在紐約的很多個區域居住過，在居住了十年後寫出了這首描寫紐約的詩。

我始終是在這樣的歷史線索里閱讀嚴力的。在一個發達國家，觀念就是價值，因為它是人類精神世界向前行走的出口，創意和觀念也是藝術指向未來的重要條件。從嚴力近年來的詩作中，我不僅看到他引入了更多複雜與深邃，作品裡還有更多對紐約存在過的各種藝術流派不同風格元素的兼容。

“在清明感懷生命時 / 發現死亡沒帶走任何東西 / 種族、宗教、戰爭、禮帽、雨傘…… / 也沒帶走悼詞與碑文”——嚴力《清明感懷》。這首詩歌，他以靜觀萬物對詞語的無聲潛入，來表現他藝術經驗豐富之後情深又淡然的生命狀態。

這次在紐約，嚴力和他妻子郭衛開車陪我去紐約附近康尼島海邊散步時，他妻子給我看了幾幅嚴力最新的繪畫作品。這些作品比起以前我看過的的更加趨於細密與紛繁。嚴力在超現實中融入了更多的敘事，強調在同一個畫面內表達不同的時間和空間。超現實主義與日常經驗在同一幅畫面中相融相襯，色彩比以前更加強力、豐富而透徹。

記得去年五月我在倫敦去泰特美術館看展覽時遇見了一個早逝的孟買畫家布班•卡卡爾的重要展覽，展覽以一幅館藏作品《你無法取悅所有人》為標題。給我帶來的是一次視覺和心理上的全新震撼。他的畫就是超現實與敘事相結合，在一幅畫面表達多重空間。布班•卡卡爾的作品大多圍繞著生與死，天堂與地獄，階級區分，宗教信仰與日常生活相互映襯，豐富而深刻。而當我我看到嚴力最新的幾幅畫作時，也是帶給我這樣的驚喜。他們的創作在我眼裡方向相同，我的確不知道嚴力最新的信息來源於他創作的影響，我更加相信這種智者見智，不期而遇。不斷在前沿的理念上頓悟和超越，我相信嚴力的創新還會給我以及這個世界帶來更多的意外和震動。

在從海邊回來的路上，嚴力開車讓我再一次經過了那片夜色斑斕的曼哈頓建築群；又穿過那座已不知進入了多少經典文學作品裡的著名的布魯克林大橋。在紐約夏夜的微風裡，我似乎看見了惠特曼的背影、金斯堡的語言、阿什貝利的深邃及勃洛克繪畫時的隨意和偶然性。我默數著被紐約這座城市塑造過的詩人、作家和藝術家們，以及他們部分作品的名字，同時也看到那時候的嚴力，在紐約奔忙於《一行》。

2017年6月

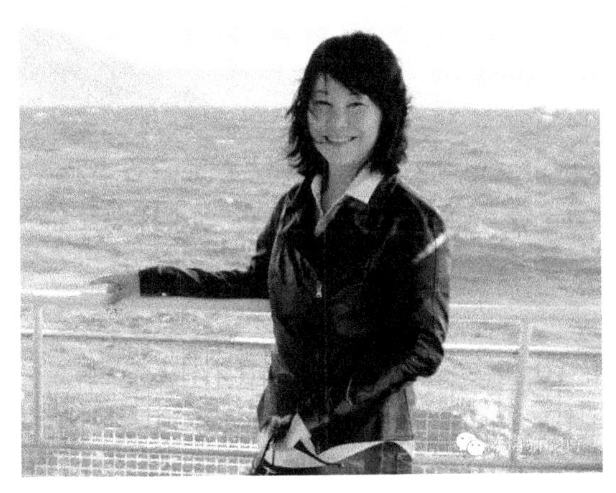

馮晏

60出生的詩人，80年代開始在國內外發表作品並被收入《詩歌百年大典》《中國優秀詩歌30年》《中國新生代詩人詩選》、美國《新華夏集：美國詩選》《新大陸》等國內外數十種詩歌選集。出版詩集《馮晏抒情詩選》《原野的秘密》《看不見的真》《紛繁的秩序》《鏡像》，以及《馮晏詩歌》《邊界線》《內部結構》和剃須刀詩叢《吉米教育史》等多部。先後獲《芳草》雜誌漢語詩歌雙年十佳詩人、《十月》詩歌獎，第二屆“長江文藝·完美（中國）文學獎”以及首屆蘇曼殊詩歌獎等，其詩歌作品被譯為英語、日語、俄語，瑞典語等多種語言文字。

時間史裡的雜質

陰影之處，有高呼忠誠，
有突然斷電，
鎢絲冷卻，光縮回到螺旋體內。
人類屈辱的經驗還沒有完成。
有管道開裂、發水，
有塑料拖鞋半夜淌過時間走廊。
我的暴怒一直被失眠拖延至今，
但一些粗詞並非不在我的優雅之內。
陰影處有急促敲門，
鑼鼓沿街制罪。
房間內有慘白、虛空，
有身體顫音流向十指。
當暴雨登上鐵皮屋頂。
加密或者上堂，
大多數人都被暗中瞄準。
那時，靈魂與恐懼猶如日常的粗糧，
發霉的葵花、土豆或者玉米……。
陰影處有嗅覺，
燃燒，硝煙裡飛出一隻焦炭氣味的蝴蝶，
有一幅關於逃跑的身體自畫像，
木質的頭掛上白楊樹，

瓷器的腿掉下深淵。
陰影處還有年少，
砸碎鄰居的玻璃，手飛馳，
龜裂、凍瘡，被西北風雕刻。
耳邊，語言壓低到比沉默更深一層。
我無法錯過一場海嘯岸邊的年代延長線，
回味一枚精神被抽絲的蠶蛹。
陰影處有懸樑，跳樓，
鋼鐵裡有臥軌。
這些守護美麗軟骨的必要遠去……。
陰影處有以對為錯，
有蝙蝠從山洞飛來的黑色生存區。
也有領取糧票，瘦骨嶙峋的枯手和雙腿。
有糖精，甜的假設，
有老式膠片電影放映機，
以及觀看朝鮮影片反諷的哭。
陰影處有我對思想禁區漫長的荒野出走。
還有父輩們高傲的頸椎，
低垂時超過掃街的柳樹。

收藏

我收藏軟弱，為了與自己體內的結伴成群。
我收藏刀鋒，為了已磨平的不再開刃。
我收藏惡語，以此打通道路，
等被擊倒的重新站穩。
我收藏舊陶罐，從水中倒映挽救消失。

我收藏子彈，所有的，
為了子彈像恐龍從地球滅絕。
我收藏各種疼痛，
為了經歷過的不再重傷。
憂鬱，我也收藏，
為了與眉間聚積的深淵
一起被排除掉，絕望終止在斷崖之前。
我收藏火車頭以及轟鳴，
時空轉動，掉頭返回。

我收藏劣質畫作，
讓愛好者的眼力不再經受考問。
我收藏霧霾，減少顆粒密度，
找回首都與地平線之間半徑的呼吸。
我收藏光，藍湖落進繁星時，
暗夜和孤寂燃燒一次。

我收藏舊信、墨跡，
讓隱私安全躲進心臟的密室。

恐懼，一種背後交易，
為了不放過真相，我收藏。

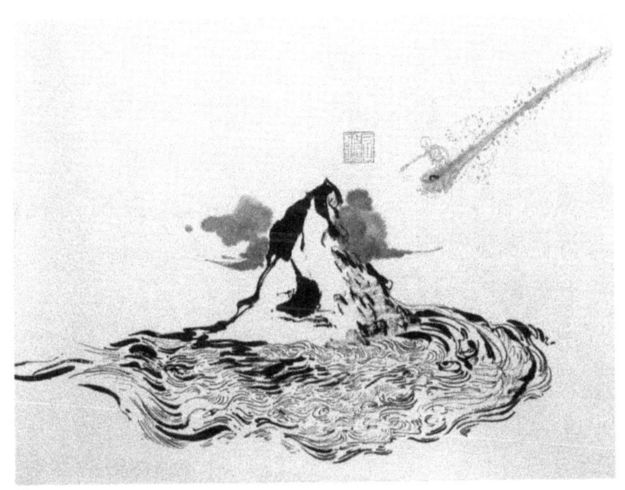

Everest Strayer 作品 新水墨（局部） 2017年

四月的祭奠

雙手合十，我在墳塋前跪拜，
前胸的鏤空築起四月田野的一個風口。
我的唇語是虛掩之門背後走出的沉默，
像磷火，夜晚點亮土。
思念是腦細胞發出的對流和閃電。
從一個名詞量變到移動。

墓碑前就不必傾訴了，
我要趕在四月走出植物體內。
我祈禱突破乏味，
獻上花束和一瓶烈酒。
萬物有時是地平線上站出的另外的我。
地面上發生的事，
深處都已收到。

這裡，可以遊蕩，
靈魂像一把銀劍側聽速度時發出鷹的話語
像一團蠶絲纏繞又鬆開。

這裡，自由在我雙腿間，
以及臂膀內側不停地迎著風。
釋放是靈魂本意。

墓園旁，一條水渠正突破冰凌和裂縫。
打斷魚的長夜。
骨灰的波紋攪動著水，
鏡子倒映出天堂。

我借過蟻穴的入口和田鼠踩出的路，
佇立，像去年的麥秸伸手撥開一片雲，
我借過淡出、靜謐和安詳，
又深陷歲月一尺。
四月的讀音彷彿被抽空。

四月，逝者和來生像一對相遇的筷子。
打開萬物的血管。
僻靜是地面斷層裡漸漸擴大的一個空洞。
能聞到孤僻和復蘇，
聽見落寞和頓悟。
當時空與萬物在僻靜裡發生鏈接那一瞬，
無從命名，被塵世誤讀下去吧。

立　春

雀鳴，讓每一根樹枝都成為一隻短笛，
去搜索吧，那些錯過時未曾啟用之詞。
裂縫正朝我蔓延過來的那條冰河，
立春，轉動著鑰匙。
是時候放出被困在思想裡的獅子，海豹了，
以及沙漠，花園和蜥蜴。
在解凍之季通往海市蜃樓的夢境裡，
人類都在潛水。
窗外，樹杈間落成一個新鳥巢，
翅膀還沒有從雙肩分裂出來。
我閱讀被編織的紅柳，
仰望嘴唇築起的黑色空間。
歌劇院，潛能在聲音裡轟鳴，上升，
從泥土深處到時間之外。
遠處，我聽見沙啞的靈魂騎上一隻野兔，
絨毛翻動枯草，
穿過我獻給荒原的耳朵。

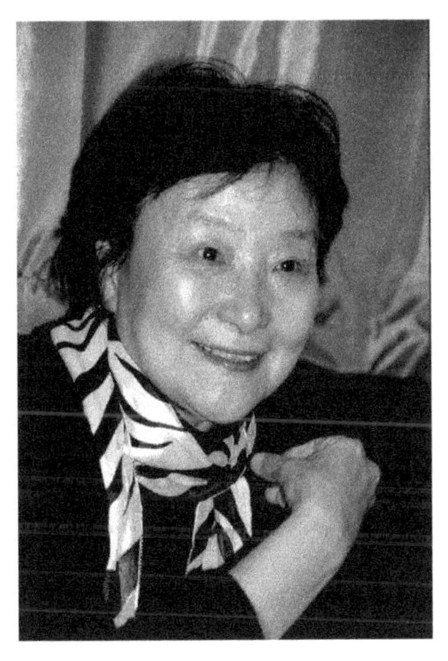

王渝

曾任紐約《美洲華橋日報》副刊主編、《今天》文學刊物編輯室主任。曾為香港三聯書店、上海文藝出版社編輯詩選、微型小說以及留學生小說選集。譯作有《古希臘神話英雄傳》、小品文集《碰上的緣分》和詩集《我愛紐約》。

不甘於

不甘於已然的既定
音響裡尋找色彩以外的色彩
繪畫中聆聽音樂之中的音樂
今天企圖越過明天
明天擔心淪為歷史
迴響在未來的是
昨天的嘲笑

我喜歡觀看水中倒映的山峰
山中飛懸濺玉的瀑布

2017年夏天紐約

日蝕頌

無端地
月亮姐姐鬧起了情緒

百無聊奈
興起了一個念頭
來點惡作劇吧

於是
把耀武揚威的太陽
裝扮成自己
或彎彎如眉月
或上弦
或下弦

仍然不過癮
乾脆讓太陽謝一次幕
把白晝變成了夜晚

她忐忑不安了
是否鬧得過頭?

適時

人群發出歡呼
虫鳥伴着共鳴

她怔忡
她快樂
風在她的促使下
把雲串成詩句
落在電腦的屏幕

2017年8月21日，寫於美國日蝕之時

意想不到的时刻

年久失修的古堡
在意想不到的时刻
一扇门倏地打開
等待着的长廊
响起了足音
却空寂不见人影

是誰？是誰？
我焦急地要叩醒熟睡的傷逝

碰上的緣分

冰寒

王渝老師為香港大公報寫專欄，在五百字的局限中，寫的是小品，卻皆有大氣象。筆下人物或有清風拂面之雅，或具風雲匯聚之勢；她寫與各人的交往，平淡中微瀾，有看頭，耐回味。今年初，王渝的一些專欄短文「集腋成裘」，由大象出版社編入副刊文叢，出版了。逐頁閱讀，令我這個後學在簡潔如詩的文字中，有機會探尋文壇舊聞，見識文人名家的風采。

翻閱目錄，我特別有興趣的則是我認識的文化人，得因緣而面晤，因文字而傾慕，更兩者皆備，如王鼎鈞、宣樹錚、木心。至逐頁細讀，又有其他朋友入眼，如張宗子、程奇逢等。既有閱讀「碰上的緣分」的緣分，不免多說幾句。

該就從王渝說起。在法拉盛文學活動中，多次見她，但都在開講前，不得不止於簡單寒暄。坐下來一起喝咖啡，是今年開春吧。聊得很投機，她就急朋友之事，推薦本地作家李伯宏、蔡維忠；後來又介紹耶魯的蘇煒，為圖書館華文作家新書發表會系列增加光彩。可就是沒有提一句她自己的書事。王渝是詩人，碰巧我也開始再「碰」新詩，就有了請教的機緣。在微信上看了我的詩，要我用文字檔寄到郵箱。我想她還沒習慣微信的功能呢。可不久之後，她竟在微信上用那些卡通符號表達情感，宛如專家了！我一想，王渝二十多歲在紐約讀幼兒教育，還創辦兒童詩歌雜誌，她童性未泯，詩人天然，不是很有邏輯嗎？

王渝「碰上」的有宣樹錚。她在文中說，那是必然的，因宣老師常常在法拉盛講文學，唐詩宋詞、漢語言今昔，都是她感興趣的。這個「緣分」，就是文學同道中人的感覺吧？為了辦活動，湊經費，教授要賣家傳器皿，被「有識之士」勸止，並出了個主意：宣老師文人書法，頗見風骨，何不揮墨，義賣作品呢？人的遇見有緣分，事也是如此。

前不久，宣老師在法拉盛舉辦了一次中國古典詩詞書法作品展，深得讚譽。我也賦五絕祝賀：「中原淫雨久，樹道骨鏗錚。兩色傾翰墨，清流漫谷聲。」並註曰：「宣教授，前蘇州大學中文系主任；昔年北大才子，因言流放新疆。備歷磨難，而志不移。居美東有年，余幸有緣結識。先生書法，清絕脫俗，瀟灑凌空，乃古文人書法之絕響，儒雅清流之典範。」王渝把書上的才子和我結識多年的一位長者，生動地拉到了一起。這也算一種令人愜意的「碰上」吧？

王渝筆下另一位長者是鼎公。我曾經請到鼎公做講座，一次講雜文，一次暢談作家與書法家。鼎公出口成章，佳句警語，幽默風趣，但他一定寫好稿子，一絲不苟。鼎公為世界周刊寫專欄多年，我讀「柳樹下」，寫了一篇感想：“我看見，一個老人闔眼打坐，思緒飄揚。平淡的文字裡，有洶湧的記憶和情懷，似乎遙遠卻賡續延綿。這篇散文，堪稱寫喪失、遺憾、痛苦和憶舊狀態的一個經典。”鼎公散文別集「桃花流水杳然去」出版，我寫了書評，向鼎公致敬。鼎公讀後，很客氣地寫來電郵致謝。而更值得說的文緣是，鼎公在周刊「封筆」後，我竟然受邀在這塊方寸之地筆耕，壓力可想而知。5月，鼎公宴請世界華文研究大家陳公仲教授，我得與焉，乃向鼎公請益，談笑之間，得傳授專欄寫作之「秘」（此處不宣）。

王渝還寫了木心。我輩也晚，無緣得見大師的風采。但從閱讀木心著作，我卻「碰上」了眼光獨到、發現明珠的王渝。此後瞻訪木心舊居，作詩文，皆得自於她的靈感。王渝讀了這些文字，轉給陳丹青。她在一篇小品中說，木心碰到丹青一極好，是她獨創的新歇後語。文人之間，極好珍貴的就是「碰上的緣分」。

2017年06月25日

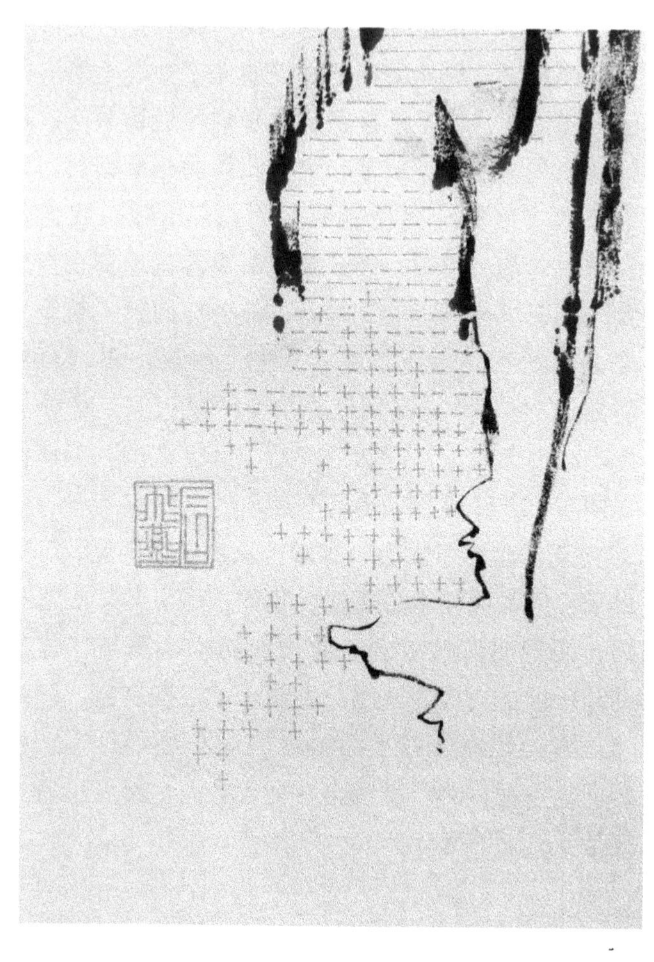

Everest Strayer 作品 新水墨（局部） 2017年

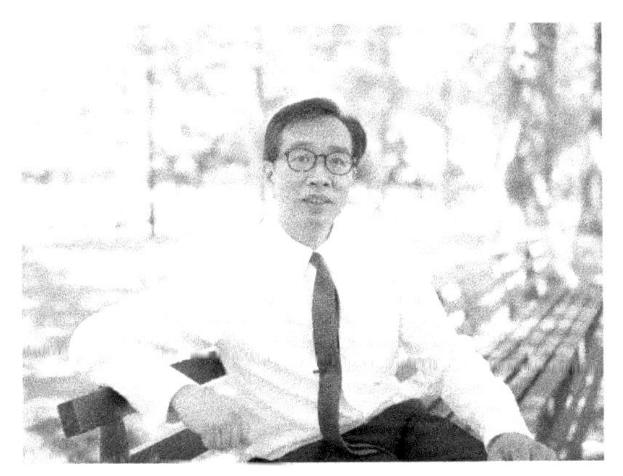

邱辛曄

字冰寒，筆名思淵堂。上海人，1990年移居紐約。曾讀復旦中文系，在紐約從事公共圖書館服務多年，閒時編輯、出版、吟詩、作文。

十一月五日黃翔詩集發布並朗誦會於法拉盛圖書館舉辦，一時之盛，文壇之史。乃作五古記之

詩鬼李長吉，太白盛唐仙。
雄偉多瑰麗，浩蕩歷千年。
此後狂放誰，黃翔歌詠癲。
魔獸吼牢籠，吶喊震陰間。
大音歌詠疾，咆哮死復還。
七旬拒稱翁，洪荒宇宙攬。
頓足顫舞蹈，炯目燃九天。
怒髮一雄獅，悲情百滴穿。
勝邪昂空鳴，魚藏伏地喘。
離散何須悔，金光雷鼓喧。
文心遊巨龍，世紀再屈原。
轉色狂飛墨，悟聲靜撥弦。
顛沛無久居，風侵賴雨蘭。
瞻思杜少陵，故土絕重返。
楚黔並花旗，始終得圓滿。
幸哉法拉盛，望道尚詩言。

2017年11月5日

驚聞上海跨年慶典浦江之濱陳毅廣場踩踏死者三十六傷近百哀傷無盡遂詠五言以紀其事

海上我故土，百年歷滄桑。
一別三十年，幾回夢倘佯。
驚聞歲末夜，踩踏生死場！
江濱十哩長，光焰明晃晃。
執政謀經濟，外灘皆從商。
遊人自海內，老少皆炎黃。
摩肩更接踵，心氣志高揚。
潮動無節制，球落生迴響。
百萬入圍城，聚眾競瘋狂。
追風心難靜，逼仄德遺忘。
趨勢急忙忙，攀比不相讓。
可憐正華年，踩踏性命傷！
血喋百人肢，淚流滿浦江。
鮮衣涼未干，開卷仍書香。
親聲猶在耳，警笛破空牆。
百願如彩蝶，一朝成皮囊。
非戰遺白骨，青春棄野荒。
樂極期生悲，跨年隔陰陽。
明朝出邸報，哀事不擔綱。
舉國慶新年，萬眾心向黨。

逝者三十六，哀言留幾行？
閉目投報尾，淡筆輕報喪。
憂樂顛先後，所瞻在廟堂。
烏帽重千兩，誰再賦岳陽？
哀哉百姓命，鴻毛一籮筐！
五言示故人，老杜風流長。
聽罷悲愈烈，天老地更荒。
安史亂中原，工部高萬丈。
三吏复三別，詩史境無疆。
何以千年後，滔滔浦之觴！
生理普天事，平安蒼生想。
唯以民為重，盛世乃為強。
浮華何可追，無奈太匆忙！
蓬蓽祭冤魂，賦辭迫中腸。
悠思化青鳥，海渡共泣翔。

2014年12月31日午夜初稿，2015年元旦修

美麗詩歌•緩慢

這個街頭詩人
用一部老式打字機
給遊客寫詩
他用一根指頭打下每一個字母
悠哉其樂不著急
他身邊有一個戴墨鏡的
吉他手在歌唱
清一色穿秋服的女郎
排隊等候詩句
期待和金髮與黑髮相稱
有一個華女對著蘋果手機
細細地化妝
十分鐘過去了
她伴隨著打字機的節奏
梳理瀏海塗脂抹粉
等待詩歌

有沒有人要中文詩歌？
我很想坐在他的左邊
分享他的生意和他的詩意
雖然語言不一樣

漢字筆畫多
（天哪，我喜歡繁體字）
也許比英文詩歌還慢
可是這有什麼關係呢
坐著柏舟去採薇
遇見君子的窈窕淑女
從前慢的時光
就會在筆畫裡挪動
我保證比他更抒情
足以讓吉他歌手唱起舒緩的民謠

只要是詩歌
在華盛頓廣場
都慢得美麗
或者，美麗得很慢

2017年10月22日

心　境

後院不大
落葉漸漸滿了
一片接連一片

天地在收拾心情
曾經初放
曾經爛漫

在你的目視之下
慢慢收攏
甚至，枯萎縮成了一團

明年的時候
是否還會回來一樣
誰知道呢？

我已在落葉的紛飛里
看到了雪花
遮蓋著庭院每一片角落

2017年11月11日，法拉盛思淵堂下

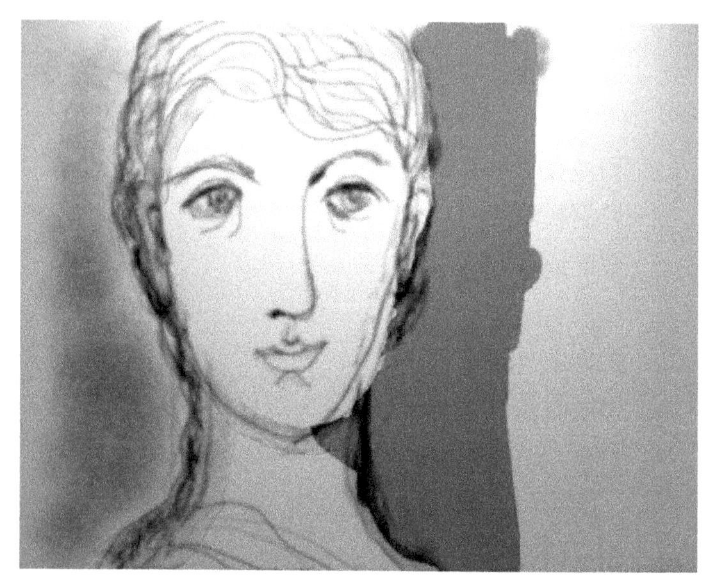

張朗朗手繪： 往事朦朧

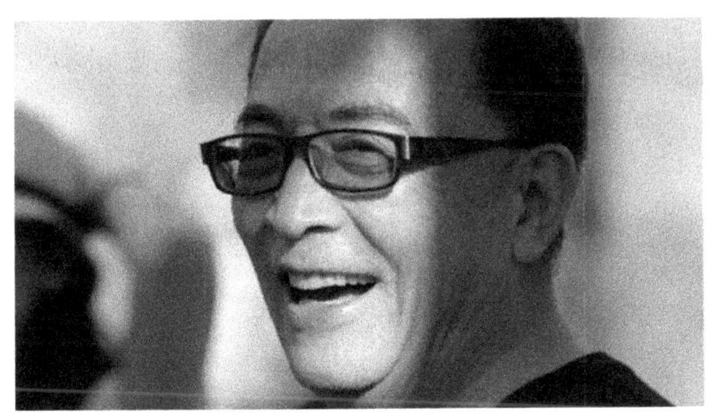

張朗朗

1943年11月生於延安，為作家、畫家、老師。1968年畢業於中央美術學院美術史美術理論系。曾任中央美術學院美術史系教員、院刊編輯。《中國國際貿易》雜誌編輯、《中國美術報》副董事長《九十年代》雜誌專欄作家。康乃爾大學東亞系駐校作家 海德堡大學漢學系駐校作家 華盛頓美國國務院外交學院教授漢語及中國文化。繪畫作品：《心中的蓮花》、《紅與黑》等。著作包括：《從故鄉到天涯》、《大雅寶舊事》、《寧靜的地平線》等。

早　晨

我睜開眼睛
一切都還在黑暗中，
我只能聽見早晨的來臨
我合上眼睛
一切都在光明里。

我聽見雞叫，
我就看見
一隻金羽毛的雞
站在青色大海的上空
把紅蛋黃似的朝陽
從水底叫醒
雞在叫。

（我忘記了他本來是一隻
滿身灰黑的白雞，
住在一個破簍子裡。）

我聽見胡同里下夜班的腳步
和開玩笑的熱鬧
於是，

我眼前出現了他們
壯碩，威武
穿著硬咔嘰布的工作服，
咧開大嘴一笑
露出健康的白牙齒

他們寬闊的雙肩
隨著腳步的遠去而消失了，
接著我眼前出現了幻境
出現了未來的景象
出現了盛開的無數花朵
蜻蜓、蝴蝶們像小豬娃子一樣
高興地竄來竄去。

於是，我睜開了眼睛
第一線陽光在對面斑駁的牆上胡鬧
把光折入水中
嚇唬著膽小的玻璃杯。

恍　惚

我在走，影子貼在腳上
一會兒長，一會兒短
沖向前邊，又落在後邊。
心裡很高興。
我喜歡受點小委屈要有人道歉。
我喜歡受點痛苦要有個盡頭。
我把手伸出，扳開一個個大指頭。
我願意自我犧牲要有人為此幸福。
我願意大病初癒要在明媚的早晨。
我回頭看看腳印
小得奇怪，
望望前面
亮得像探照燈。
我喜歡一個人走
要有影子跟在後頭。

風　景

沙漠，沙漠，沙漠，，，，
仙人掌綠得耀眼
像世界上所有的綠凝結成的晶體。
扭曲著，翻轉著
把光芒般四射的刺
插入青天。

遠處仙人掌，更遠處還是仙人掌；
左面還有棵小的，
前面，那面，，，，
啊！一聲格啦啦的巨雷，
從空曠的沙漠掠過
遠去了
天都驚訝地張開了牙床，
使勁地瞪著。

所有的仙人掌
在剎那間
都噴出了一朵猩紅的花
像是團團乾燥的火焰

出走半生，歸來仍是少年
—— 張郎郎專訪

藝術中國

出走半生，歸來仍是少年……這句話用來形容張郎郎再合適不過。他上世紀60年代將現代詩與畫筆相結合，記錄下了那時一個少年的純真與理想，後因世事變故，他擱下畫筆，甚至遠赴重洋，數年前，內心的召喚使他再拿起畫筆，續寫少年時的夢想，這些畫既是對父親張仃“畢加索+城隍廟”風格的延續，也是對家人最好的懷念，同時體現著他對生命的熱愛和讚揚。2017年7月8日，《一個文人的“從心童畫”：張郎郎個展》將在清華大學美術學院美術館開幕，開幕前夕，我們對他進行了專訪。

藝術中國：“一個文人的‘從心童畫’”展覽的是您的第一次個人畫展嗎？題裡我們能看到“童心”二字，您是怎麼看的呢？

張郎郎：實際上我第一次正式辦畫展是四年前在798，那時候我在網上跟朋友聊天，大家說你是中央美院畢業的，那你畫過畫嗎？我說畫過，那你畫張給我們看看。當時就畫了在網上給大家看，他們說挺有意思的，那你搞一個畫展吧，那次完全是匆匆忙忙的，大概也就20多張，做了一個簡單的展覽，等於是現在畫展的預展或者是由頭。

我父親去世以後，我回國的次數比過去多，幾乎每年都回，慢慢地自己想開始畫畫，為什麼說是“從心童畫”？因為父親過去一直跟我們說“我是一個小學生”，這有兩個含義，第一是說藝術道路是無止境的，他永遠是在探索，永遠在學；另外一方面，我覺得一個藝術家在進行創作的時候，他的精神狀況還是要回到最原始的起點，所以一些大畫家最後的畫跟兒童畫特別像，就是因為他們在社會中生活了這麼多年，人的社會性特別強，而真正的造型藝術，只有兒童最直接，這是我從父親那裡獲得的啟發。

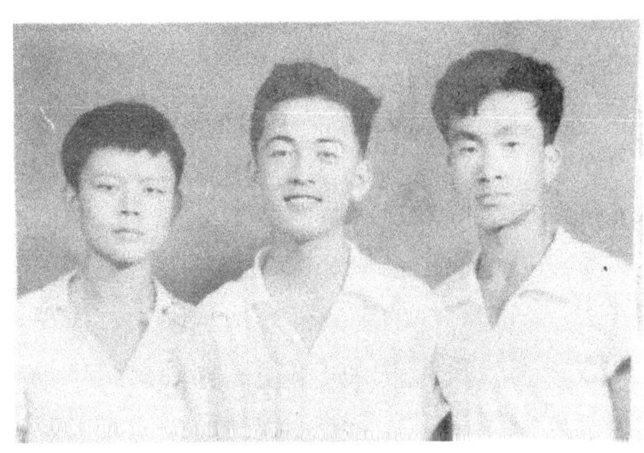

少年張郎郎（中）

這些畫不是我現在開始畫的，這個風格實際上是文革以前，上世紀60年代的時候，當時我父親在中央工藝美術學院，他主要教設計，要帶一部分學生到雲南，就是丁紹光他們去西雙版納。少數民族的服裝和色彩一下子給他很大刺激，他在那一上手，發現跟他原來喜歡的西方現代藝術和對畢加索的崇敬很契合，而且他發現畢加索跟中國的民間藝術有很多相通的地方，所以才會有“畢加索加城隍廟”這種說法，後來大家說這是一种裝飾繪畫，但是從我們的角度說就是最讓我們觸動的。

那時我正好在中央美院上學，學美術史。當時我受父親和丁紹光這批學生的影響，畫了之後把自己的一組畫裝訂在一起，起名叫《隨夢錄》，才敢拿給我爸爸看。我爸爸本來是不讓我們學畫畫，認為在大藝術家家庭中的小孩畫不出來，歷史也確實如此。但他看了以後很高興，他說沒想到你也喜歡畫，但是他說你畫的這些得算“文人畫”，為什麼呢？因為我的畫都有題目，都有寓意在裡邊，比如我畫了關於一篇小說名叫“坦泰的鋼琴”，坦泰是希臘神話的一個人物，就說一個藝術家的藝術得不到發揮，最後他自己就好像在夢境中，旁邊的大山都變成了琴鍵，他的手突然變成無限大，在那兒彈琴。我爸爸說我們畫的是真正純粹的繪畫。後來他說因為你母親是搞文學的，父親是搞繪畫的，所以你畫這種畫沒準對你說來更得心應手。當時紙張什麼不像現在那麼便宜，父親拿了幾張大的宣紙給我畫，我用一張整張的宣紙給父親畫像，是用現代的手法，並開始用廣告顏色，這樣它才有足夠的顏色，鮮明的反差，看著過癮。這個可能跟我一直喜歡西方的現代詩有關係。

60年代，張郎郎用紅藍鉛筆和信紙畫了兩幅繪畫，分別是《迷茫》和《往事》。後被範鑄明先生保存下來。其中一張題為《往事》遺失於前文化部部長英若誠（英達的父親）家中。

藝術中國：“童畫”與“童話”諧音，一方面是說您跟文學的這種聯繫，另一方面是不是也表達了您在畫面裡面的某一種意境？

張郎郎：其實，我60年代時的畫作基本都散落了，所以現在一開始是在回憶當年畫的是什麼，但經過了這麼多年，跟那時候已經不完全一樣。從內心來說，一個是我要回歸自己對美的感覺，所以說“從心童畫”也是一個童話，所謂童話就是自己想像的是比現實更美的東西，還有兩張是根據60年代倖存下來的小畫，完全放成大的，在畫的過程中自己覺得不是自我救贖，而是自我回歸，畫完那兩張對我有很大的啟發，我又接著往前走。

我父親畫所謂的“裝飾繪畫”這條路，60年代後他不可能再畫下去了，只留下很少的一部分，別的都被銷毀，一直到80年代他再重新畫畫時，就改畫焦墨了。王魯湘、李兆忠等評論家說他的藝術道路另闢新徑，過去那條路戛然而止，他的學生，包括丁紹光等，都覺得如果我父親一直沿著這條路畫，可以走得更遠，雖然他的作品有畢加索的影子，也有城隍廟的影子，但這兩者融合在一起並不是很勉強，而是非常自然。雖然80年代像黃永玉等一系列的大家，也在走這條路，但是因為每個人的風格不一樣，所以千姿百態。因此我還有一個心意，就是我在60年代我受父親啟發的那條路中斷了，現在我退休了，我可以接著畫，這四年我一直在沿著這條路畫。

藝術中國：對於“從心”，一個解釋就是您從自己內心出發，不是跟隨某個流派或者說限制於規矩，還有一個諧音就是“重新”，您的想法是什麼？

張郎郎：它另外一個含義就是，我回來以後看了我父親的畫在拍賣，我也常到美院和清華美院看展覽，有時候我替他們惶惑，因為不是說年輕人沉不下來，而是整個的繪畫市場和繪畫理論也太複雜了，所以都無所適從。永遠這樣的話，路就更難走，藝術家不應該跟著市場走，也不能跟著博物館的需要去走，雖然從你的心走出來的東西可能被認識，也可能不被認識，但總是你自己的東西。

藝術中國：除了您在60年代被張仃先生的畫作深受影響，他日常的一些藝術熏陶，對您是不是也有潛移默化的影響？

張郎郎：對，因為我父親喜歡畢加索，所以我在延安生下來看見的第一張畫就是畢加索的畫，後來一直到東北、北京，在我上中央美院的時候，我父親從巴黎回來，帶回了大量的西方的畫冊，包括畢加索、馬蒂斯、莫迪利亞尼等。當時看畫實際上和現在不一樣，我們並沒有把它們劃分的那麼清楚，不管是古典的、現代的，還是中國的、外國的，比如說齊白石、李可染、林風眠，包括畢加索、戈雅等，每張畫我們認為它好，一定是被感動或跟我們的內心有一個共鳴，都是完全從這個來看。這些畫家裡我最覺得跟自己最近的就是畢加索、莫迪利亞尼。我父親對我最大的鼓勵是我畫的他那張像，他並沒有說多好，而是說雖然你在美術學院進行了基本訓練，但是你的線條還是很生，這很不容易，線條熟不是一個好畫家，生的線本身有自己的生命，沒有力量的話，是站不住的。

藝術中國：在60年代，您的很多畫作與您喜歡現代詩有怎樣密切的聯繫？

張郎郎：因為我當時喜歡麥考斯基早期象徵派的詩，還有西班牙的洛爾迦，在他寫的那個詩裡面我可以讀到畫面，像洛爾迦有名的“黑小馬大月亮”，另一句是“紅月亮，黑小馬”，實際上應該是馬比月亮大，但是在他眼裡是月亮比馬大，這些畫面會讓你有很豐富的藝術想像。

在60年代，除了給我父親的，我自己也畫了很多畫，比如說高爾基寫了一篇小說《丹柯》，就是講一個名叫丹柯的人，最後他為了讓大家走出黑暗的森林，把他的心拿出來，變成火把舉在手裡，我覺得這特別有畫面，就把它畫出來。別人說你為什麼非得畫這樣的？我說這本身能感動我，光讓我畫一個靜物或一個山水，對我來說不能感動，但是我看我父親的焦墨，像《巨木贊》、山水長卷等，一樣能感動人，關鍵是你在畫的時候你是不是已經被感動了。

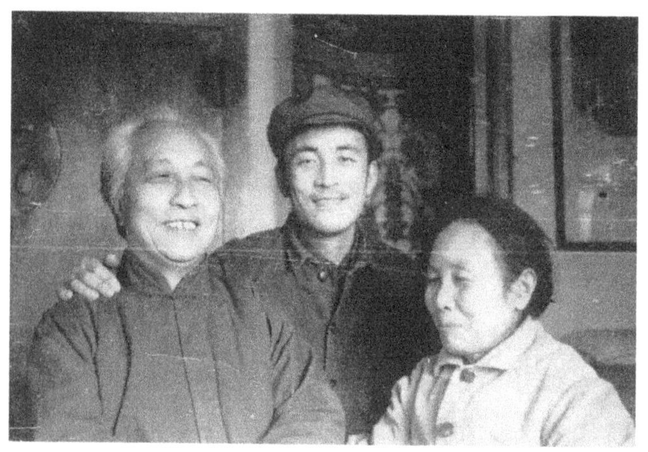

張郎郎（中）與父親張仃（左）母親（陳布文）

當時在巴黎的洛東達咖啡館的時候，畢加索也跟波德萊爾、愛略特這些現代詩人在交叉之中，他的畫對他們的詩有啟發，反過來他們的詩對他的畫有啟發，我覺得我的畫畫和文學是分不開的，所以也是從這個意義上說，我說還是算“現代文人畫”的，但是這個跟咱們現在流行說的文人畫不是一個，這個叫法是為了說的方便，並不一定符合美術史的敘述。

藝術中國：從上世紀的60年代之後到2004年首次在798嘗試做展覽，這40多年中您有沒有繼續畫畫？

張郎郎：我一直在畫畫，不過後面都是屬於一種習慣。這些年我在國外教書，時間比較緊張，不可能有條件畫大畫，也不可能在一張畫上花很多時間，所以我就用圓珠筆、鉛筆、鋼筆隨手畫。我北京四中的同學，都知道我那幾年差不多都在畫畫，在課本上每頁全畫滿了，實際上就是自己為了好玩，而線條如何堆積出一個形態，這是一個自己的過程。

藝術中國：這些隨手畫的風格跟60年代是一脈相承的嗎？

張郎郎：對，一脈相承，而且是一個自我的發展。我父親畫的這類畫現在沒有人在畫，我試圖再繼續，也許我是最不專業的一個畫家，但是我至少是一個志願者，有熱情往前再推動，也許美院的年輕人受到影響之後，沒準兒可以畫的更好。

藝術中國：在國外的這麼多年，在國外博物館中看很多的原作，對您是否有影響嗎？

張郎郎：有，我差不多20年一直在華盛頓，那裡有很好的博物館，而且有很多我喜歡的畫家的原作，給我的震撼第一是保存好，第二是顏色這麼鮮豔、厚重，第三是發現了畢加索幾張特別鮮亮的畫，實際上不是用油畫畫的，而是用油漆畫的，這就給我一個啟發——最關鍵的是最後的效果，前面的手段不重要。

藝術中國：在您的作品中，除了一些文學性的繪畫，也有像李兆忠先生所說，包含著“主觀思想和客觀現實碰撞所產生的靈魂之光”。

張郎郎：對，像《紅與黑》實際上我是受王魯湘一篇文章的影響，他說我父親這一生一直是在紅與黑之間糾結，我說從這個意義上說我也有兩個糾結，一個是文學和美術的糾結，後來我就發現這個糾結，你可以用另外一種心態將它們融合，所以我寫東西也可以有很多畫面，在畫畫的時候也可以有很多寓意，把它劃分是理論家的事兒，關鍵是你能不能做出來自己喜歡的東西；另外的一個糾結就是，我生在延安，一直是紅色的家庭背景，另一方面，我生活的經歷又特別坎坷，是一條黑線，所以糾結在一起。但是也可以讓它們相處，就把坎坷的經歷變成一種財富，把紅色的線變成可以推進的正能量。從這個角度說，人生實際上也是畫，每個人都有不同的條件，怎麼把這些有利和不利的條件下，也就是不同的色彩和線條，在一個有效的情況下組裝起來，可能就是屬於你的一張人生的大畫。

藝術中國：在《紅與黑》畫裡有一個小孩子，是代指您自己嗎?

張郎郎：對，這個小孩的靈魂和精神在其中無所適從，但是也有好處，實際上靈魂可以漂流其上，就是你不要糾纏進這兩大塊，是可以飄逸出來的。

藝術中國：這好像是中國人的一種智慧。

張郎郎：對，我母親小時候就給我們講，在你遇到特別痛苦或者特別憤怒而無能為力、無可奈何的時候，你不要去掙扎，不要去鬥爭，最好的辦法就是靈魂出竅，你來反觀，那時候你會很平靜，因為歷史、社會就是這樣。

藝術中國：您的人生歷程是很曲折坎坷的，但是　在您的畫面中，看不出任何憤怒或仇恨，反而是充滿童心和陽光的，您自己是如何看的呢？

張郎郎：這跟我現在寫的幾本書是一樣的，因為我把自己拉遠一點。我們來到這個世界，實際上一生中可能有高升，也有降低，有反复的曲線，我只不過是曲線比別人的幅度更大，但是反過來想我也佔很大便宜，別人沒有機會有這樣極端的感受。我在文學上講故事的時候一定盡量讓自己以第三者的角度平白直述，講當時我所知道的實際情況，當然不能說百分之百就是事實，因為根據羅生門，每個人的角度不一樣，但是至少你不要把自己捲入進去。我畫畫的時候也是同樣的心情，我只畫我自己覺得美好有趣的，讓我激動的，有悲傷、也有歡樂、也有沉思，但是不要把特別負面的情緒和所謂“醜的美”表現出來。

最近幾年我去798、宋莊，有時候覺得它們很有探索精神，但是有的畫的我實在不能看。我不能說我畫的好，至少我得讓人家覺得這個畫看著還舒服，這是我對美術的理解，因為我們畫的是美，所以我自己在畫畫的過程中，不能把自己心裡邊的仇恨憤怒全畫進去，但也有的畫家願意這麼畫，畫好了也不錯，但是要畫好不容易。

藝術中國：60年代“畢加索加城隍廟”的風格並沒有延續下去，您期望您的展覽能夠給人們提示一些什麼？起到一個什麼樣的作用？

張郎郎：我覺得這次在清華美院辦展，最後能夠被批准，已經很榮幸了。因為我不是一個繪畫系的畢業生，也許畫的畫還能看，就被同意了。從我的角度我希望就是有學生或者別的畫家，看了以後可能按照他的風格和技巧會解讀得更好。我第一次辦展以後至少得到一個效果，就是我的同學說咱們美術史系的人也可以辦畫展，至少真正願意好好畫的人會多一些。我這麼大年紀開始畫畫，第一併不是想以此出名，第二不是希望以此養家糊口，沒有這兩個，就可以真正做到純粹從內心為藝術而藝術，從心而畫。

藝術中國：反過頭來看為什麼這麼多年您都沒有選擇別的繪畫方式，一直這種現代的而且具有文學性的方式？

張郎郎：我有一個階段也畫水墨，但是我覺得水墨和我的性格和審美理想不一樣。我在普林斯頓當訪問學者之後，我走到一個十字路口。這個時候在我在紐約有一個做藝術交易的朋友吳爾鹿，他看了我的畫，說你就當職業畫家，我來代理，還給我弄了畫室，買了畫布和大量的顏色。這時候突然康奈爾大學通知我可以去教書，我還是“目光短淺”，因為當時還有我女兒正在上學，我賣畫能不能謀生還是一個問號，但是，去教書至少可以養家糊口。如果我當時聽了他的話，沒準兒我可以畫得更早，自己就變成一個職業畫家了，等這次我跟吳爾鹿說我開始畫畫了，他說你別跟我說，那個時候我還能做，你現在這麼大歲數，怎麼做啊？

藝術中國：這種風格跟您遺傳自父親和母親的職業道路，以及您本身對二者的熱愛是有直接關係的？

張郎郎：一個原因是因為我畫這個風格，我兄弟姐妹看到後都特別理解，因為當時我們家最有意思的遊戲就是在家里辦家庭雜誌，我在家庭雜誌畫的就是這個風格，現在把它畫成大的，再往前發展，顏色更好，他們會很高興，另一方面我也覺得是對我母親和父親紀念的最好的一種方式。

藝術中國：什麼是家庭辦雜誌呢？您能否介紹一下？

張郎郎：實際上就是手抄本，讀者是家庭的成員，以及朋友或者朋友的孩子，傳完了一圈之後又還回到我們家，畫畫也行，寫文章也行，把它釘在一起，50年代到60年代我們家一直在做這個。

藝術中國：從上世紀60年代您的作品充滿生命的衝動，青春的活力，直到今天您依然是希望把正能量表現在畫面上，這反應了您對這個社會、人性怎樣的認識？

張郎郎：真正的原因是我從小受家庭影響，包括後來在美術史系，也學了很多關於美的內容，一直在思索“什麼是美？”我曾經有個同學從他的角度說美就是生命力，表現出生命的美好和對生命的渴望。實際上這是一種理想，人都不能永生。我的畫，一切都是讓人家覺得生活是美好的。我給郭路生（食指）寫的“相信未來，熱愛生命”，實際上是我自己的座右銘。我還是會沿著這條路再走。

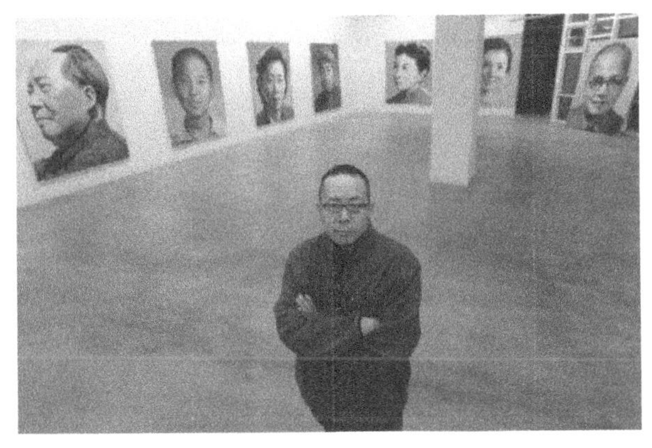

徐唯辛

画家，中國人民大學藝術學院教授。1958年生於新疆烏魯木齊市，1978年考入西安美術學院；1981畢業於西安美院，1985年考入浙江美術學院後獲得碩士學位。1987畢業於中國美院油畫系，碩士學位。代表作为《2005中國煤礦紀實—礦工肖像系列》、《歷史中國眾生相：1966—1976》

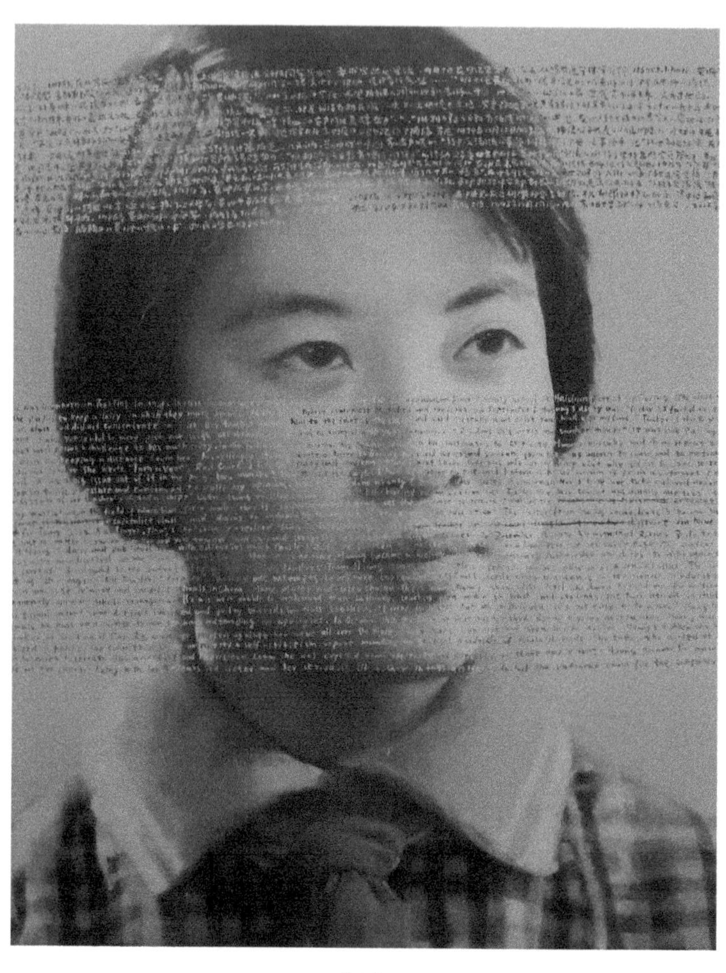

黃帥

《歷史中國眾生相1966 -1976》

250cm x 200cm 布上油彩

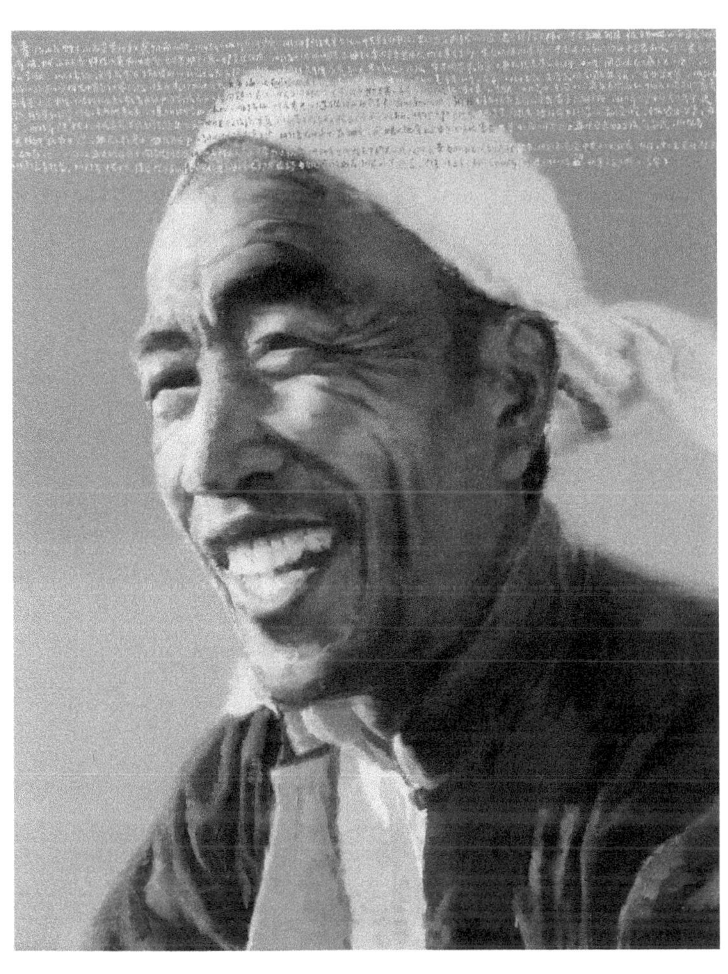

陳永貴

《歷史中國眾生相1966 -1976》

250cm x 200cm 布上油彩

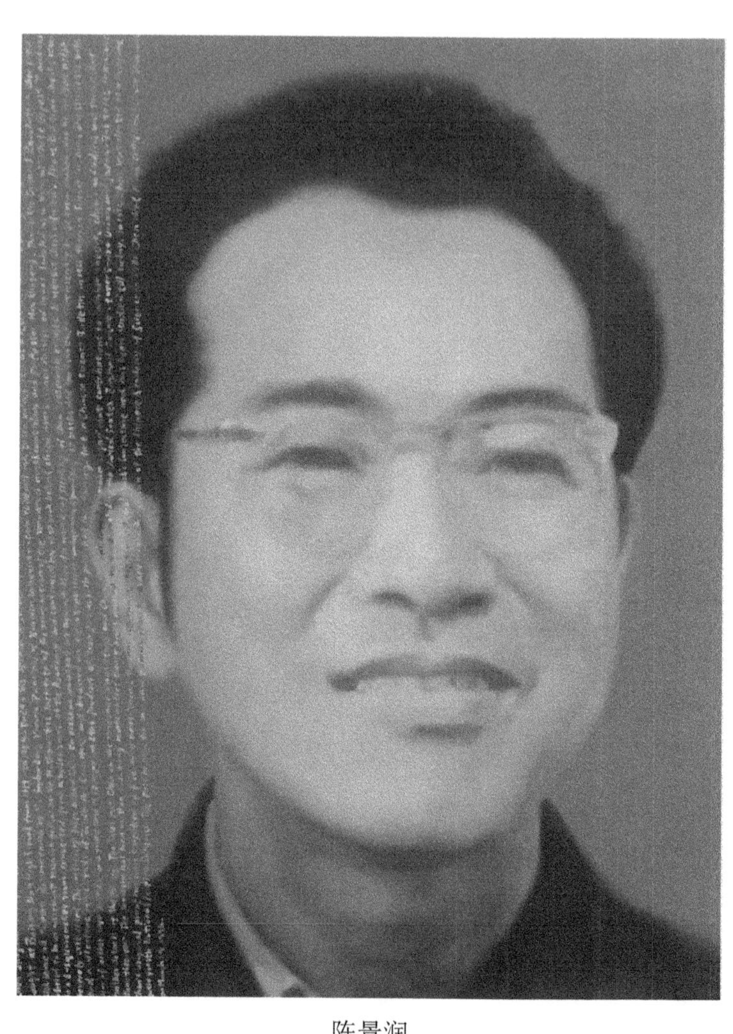

陈景润

《歷史中國眾生相1966 -1976》

250cm x 200cm 布上油彩

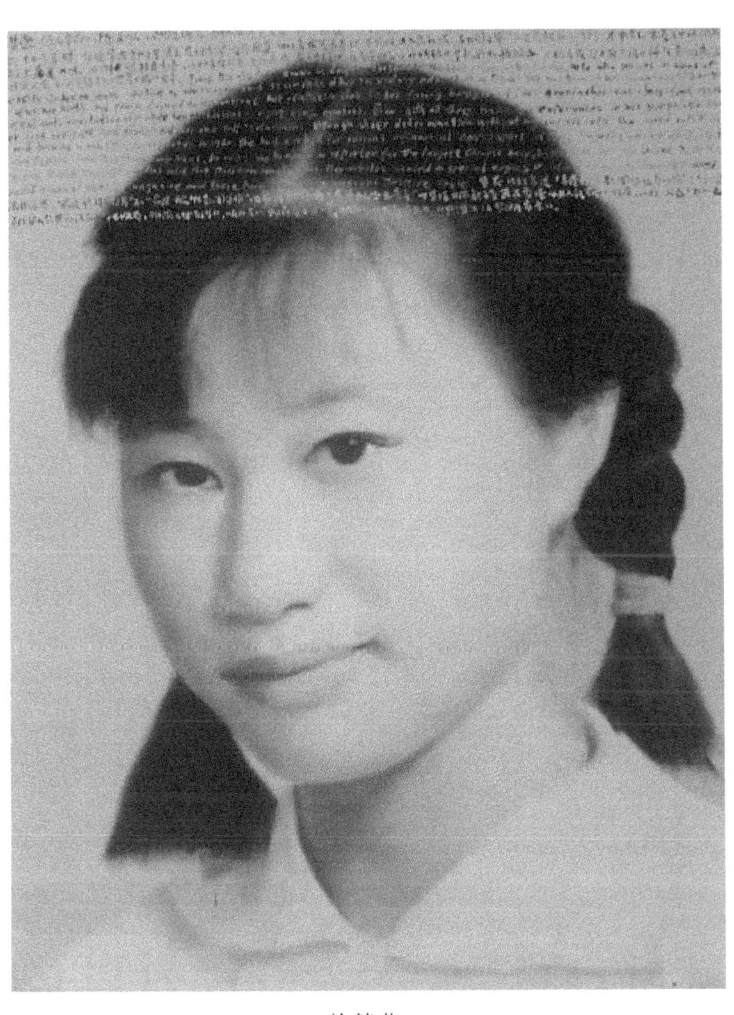

曾慧燕

《歷史中國眾生相1966 -1976》

250cm x 200cm 布上油彩

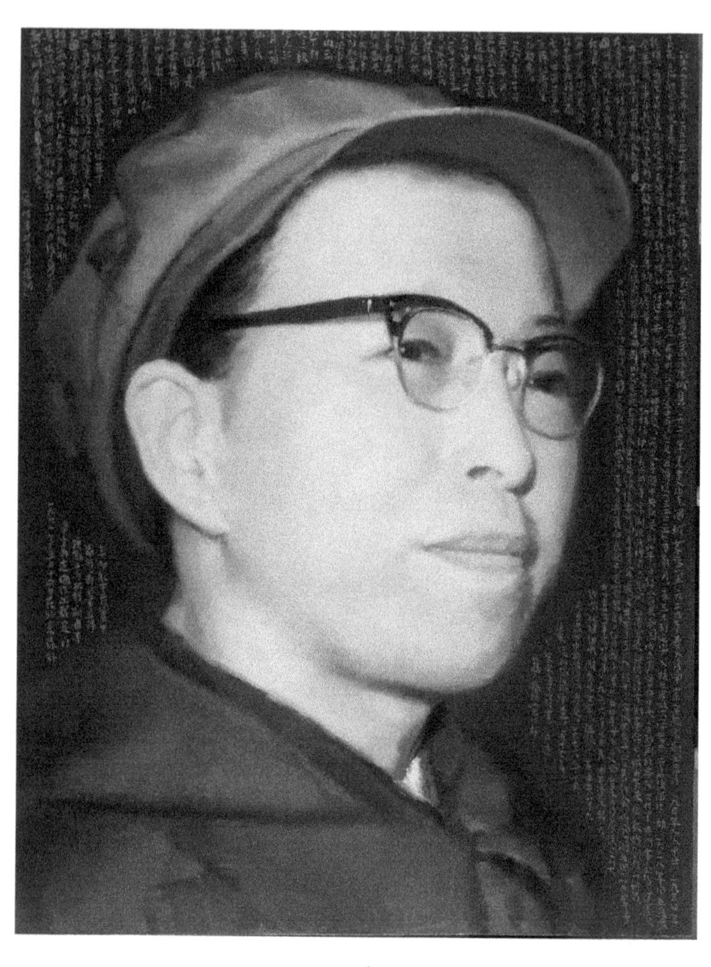

江青

《歷史中國眾生相1966 -1976》

250cm x 200cm 布上油彩

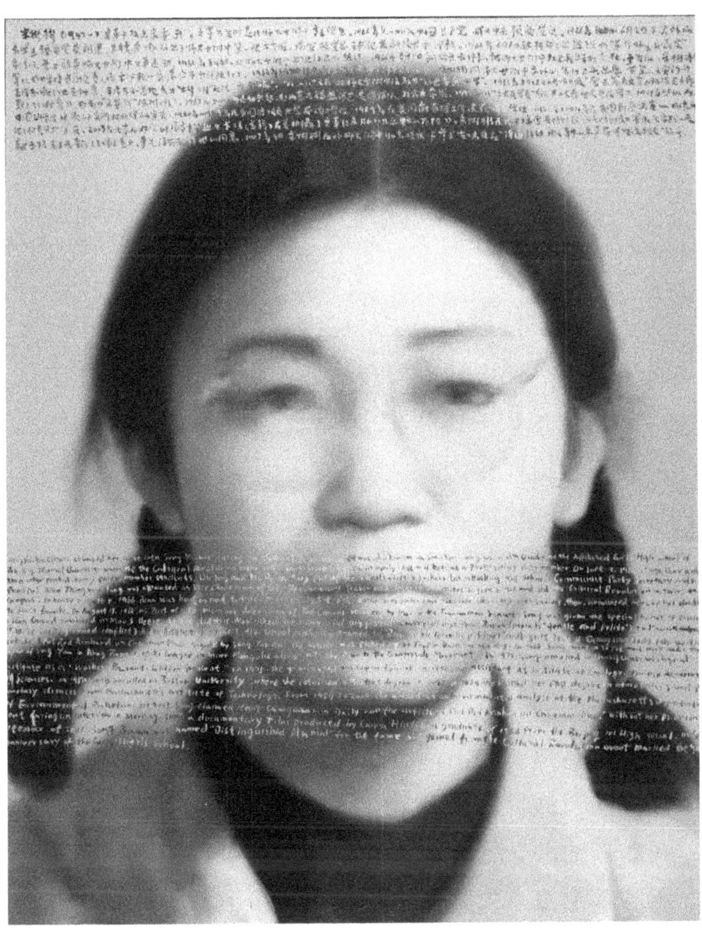

宋彬彬

《歷史中國眾生相1966 -1976》

250cm x 200cm 布上油彩

歷史記憶與現實追問

——徐唯辛的《歷史中國眾生相：1966-1976》

水天中

一向關注現實民生的徐唯辛，在完成《礦工》系列、“農民工”系列作品之後，集中力量創作由眾多肖像組成的《歷史中國眾生相：1966-1976》。到我寫這篇短文時為止，他已經畫出六十餘幅作品。被他畫出的人，都是曾經生活於20世紀後期那極端嚴酷歲月的中國人。與他以往那些人物畫作品不同，這一組作品的人物身份天差地別——既有平凡而不幸的人物，也有在那十年裡呼風喚雨的角色，前者的遭遇和命運取決於後者的某種意向或者僅僅是某種衝動；前者是被毀滅的個人，而後者是個人的毀滅者。在他們之間存在自由與反自由，人與非人的觀念對立。在歲月流逝三十年之後，畫家用冷靜的筆調复顯那一段歷史，讓他們的形像比肩而立，等待現實的追問。

反思歷史是當代中國美術難能可貴的品質，它的可貴是由於它的稀缺。20世紀80年代“傷痕”美術留給美術史不可磨滅的印記，它短暫的出場，猶如劃過黑暗天宇的流星。自此以後的中國美術則像是喝了忘川的水——曾經發生的一切全都墜入遺忘的迷霧，人們沉溺於物質的狂歡，以瑣屑標誌人性，以喧鬧的玩世不恭約簡永恆的悲歡離合。在這一背景下出現的徐唯辛新作，是對遺忘迷霧的突破，是對人性的思考。他的這一組肖像提醒了我們：遺忘決不等同於從未發生。

《歷史中國眾生相：1966-1976》不是一般的肖像畫，它的價值不在於個體情感、性格的再現，而是提出了一系列沉重的歷史問題。考慮到我們對歷史問題的態度，問題的提出本身就是對現實的挑戰。他的這一肖像系列實際上是介於繪畫與觀念之間的藝術行為，創作始於對人物的選擇、組合與再認識。這些迥然不同的人物被作者排列於一張清單，就已經是寓意深長的藝術創作了；以同一色調和尺幅冷靜地畫出他們的形象，這本身就是一種基於歷史態度的藝術創造；我們還可以想像當肖像完成之後的展示，他們將被並置與同一空間，接受同一時間的同一光照……畫家畫出他們的形象，只是撥動了繁複歷史旋律中的第一根琴弦，真正的音樂將在作品出現之後展開。

作為曾經在繪製期間就看到部分作品的觀眾之一，我曾想過這些形象所具有的多重歷史身份：作為一般的人、作為父母子女的存在，作為中國歷史特殊時段中自願和不自願承擔的社會角色的存在以及作為歷史悲劇人物的存在。

例如其中的一個形象——郭世英（注）：他是一個生活在其他同齡人難以企及的優裕家庭，而且處於求知飢渴階段的大學生；

他是一個“堅持反動立場”並且選擇了“自絕於革命”下場的“反革命分子”；

他是一個處於主流社會中心而具有清醒反叛意識的現代中國青年……

郭世英或者組畫中的另外哪個受難者，他們之成為犧牲的目標和他們蒙受苦難的方式其實是“隨機”的。正如漢娜阿倫特所總結的那樣，消滅個體是一切極權統治的最基本的動作，又是最終目標。從剝奪個體尊嚴、剝奪個體的自由到剝奪個體的道德存在，最後是消滅個體的獨特身份和有關的記憶。而徐唯辛所做的正是恢復個體的歷史存在，重現個體的實在形象和精神差異。這使觀眾在觀看這些作品時，顯然會產生和欣賞一般肖像畫不同的精神體驗，觀眾將經歷認知與感情的遞進過程。作品把人們引入雖然不遠但已恍若隔世的歷史情境之中，理解這些人物需要適當的歷史背景知識。進一步是情感記憶的積澱，對普遍人性的認同和對人類歷史進程的整體性視角。《歷史中國眾生相》提供的不是視覺愉悅，不是精到的“筆墨”功夫，不是風格、語言的創樹，而是一種歷史思考。對於當代中國觀眾來說，這種思考雖非輕鬆愉快，卻是勢在必行。

現代科技圖像的出現，使傳統繪畫特別是肖像畫面臨前所未有的挑戰，另一方面也帶來前所未有的機遇。在許多藝術家手中，攝影與繪畫已經連結成難解難分的新的文化形式。徐唯辛的這組肖像在很大程度上也依靠了照片，但這並沒有減弱作品的精神力量。數十年前，約翰沃爾克在他的《肖像藝術5000年》的結尾預測未來（公元2000年）的肖像藝術時，預言未來的肖像畫家將越來越多地使用照片，攝影、錄像等現代技術“為肖像藝術家開創了新的、革命性的機會……出現一種截然不同的新型肖像的前景已然可以預見”；他推想在21世紀“肖像藝術可能會以迷人的、出人意料的方式向前發展”。我覺得徐唯辛的《歷史中國眾生相：1966-1976》雖然很難說如何“迷人”，但它確實代表了以“出人意料的方式向前發展”的肖像藝術。

注：郭世英，郭沫若之子，北京大學學生。曾經說毛澤東思想也應該一分為二、八個樣板戲未必沒有值得改進的地方等。一個直接的導因是他給女友打話時用了英語，結果被同學聽見，說他里通外國，於是他被抓起來關押在學校裡，遭批鬥後從關押處跳樓身亡，時間是1968年4月22日。郭民英，郭沫若另外一個兒子，音樂學院學生，在1968年也自殺身亡。

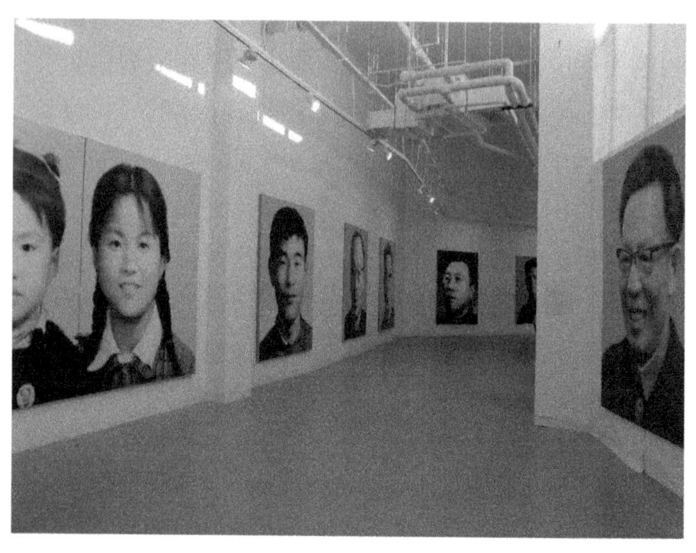

《歷史中國眾生相：1966 － 1976》
展覽現場（上下）：徐唯辛

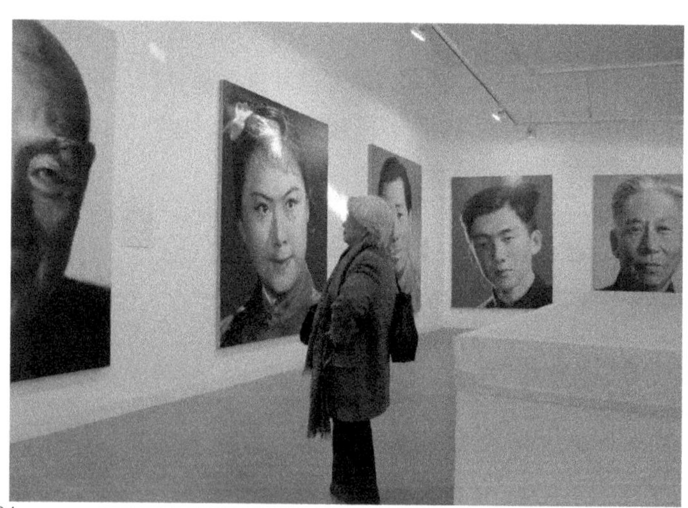

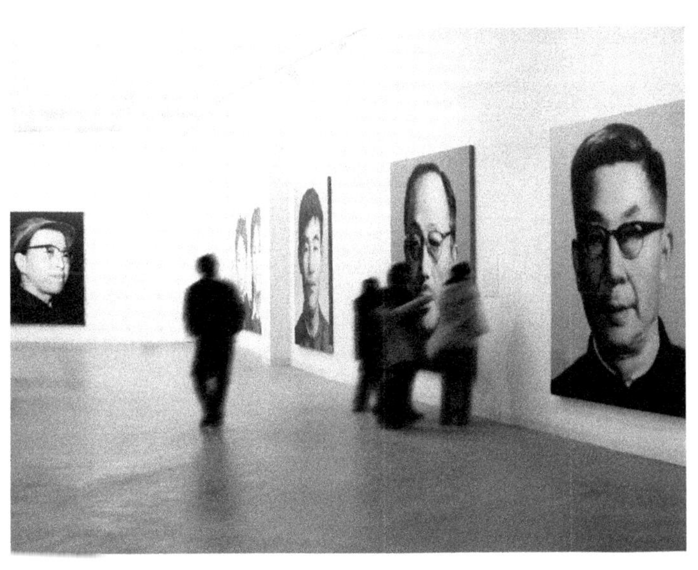

《歷史中國眾生相：1966 - 1976》
展覽現場（上下）：徐唯辛

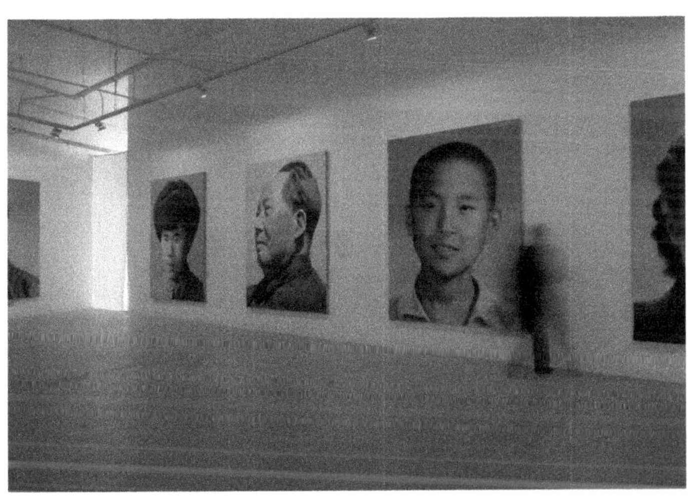

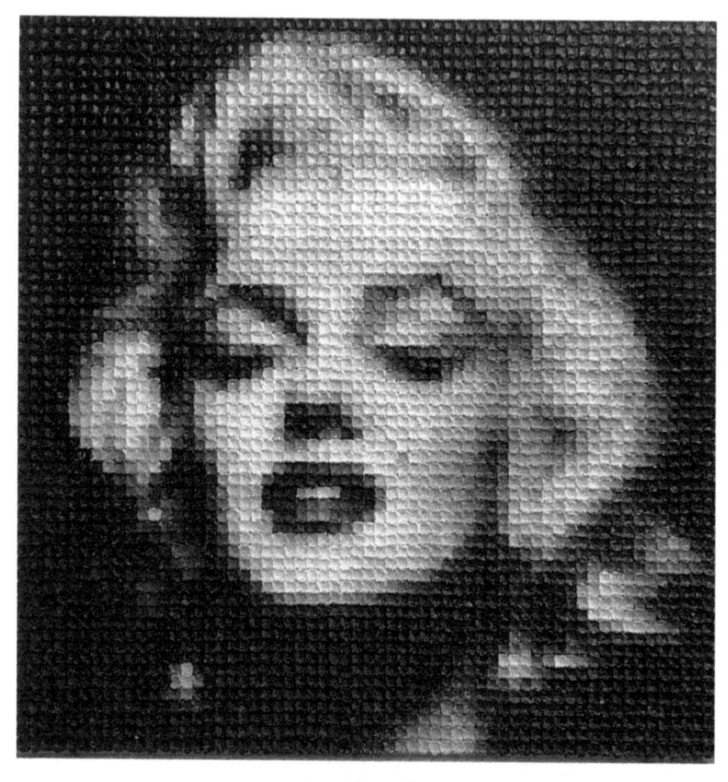

玛丽莲·梦露

石村塊布上油畫

36X36 英吋　2017年

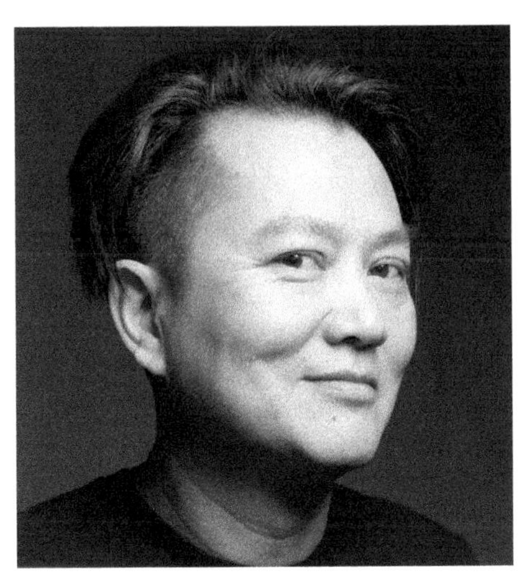

石村

詩人、音樂人、畫家，生于南京，1987年移民紐約。1988年-1992年，詩歌與插圖作品曾发表于紐約《一行》詩刊、《一行詩人作品選》、美国《侨报》以及香港《香港文学》等刊物。1988年-1994年油畫作品曾在紐約當代藝術據點 Alternative Museum, White Column, The Clock Tower 及德國卡賽爾美術館參展並收藏。 首位在台湾《阿普》及《伊通》畫画廊舉行个展的大陸藝術家、曾發行重金屬音樂專輯《搖滾街頭一條漢子》並成為美國MTV音樂電視台中文主播。2010年創立石村塊當代藝術油畫系列被廣為收藏報導，參加2017年保利當代藝術秋拍。

記憶在遺失中

夢已回去了
已回山中曲形而上的台階

晚陽正落
落在自下而上的石階盡頭
你怎麼不去攀
或許
　　　　　　能觸及晚陽最後的
餘溫，　那並不灼人呢
因為欠高遠，金光已閉
何況逐漸瀰漫的紅塵
已顆住了將熄的微紅

我翻開這本重重的解夢大書
任風吹出一行行細細的歲月
匆匆辨認著
那泳在清明後的郊野
一座座長眠的
生命的偶像
正由這些凸起的瞑墳禪釋的
停停頓頓，方言

何妨，時間已停在這裡
你又何須如此匆忙
且讓我慢慢的憶記
這一紙的神蹟
繚亂地行於
盈淚也無需擦乾的
遠望
在妝樓雖誤過了幾回
這幾回卻有大江
延伸天際的聯想
靈空的霧，氣化的妙形
盪洗愁腸，何由的行郎不歸
難言的千種風情
都寄予鏡中那無言的歡顏吧
人生事盡在這一臨壁的
空青之石
傳說中而成的

1987年於紐約

存在與霧的傳說

他在早上的濃霧中死去
那位行吟者
死於他至今仍不明白的大霧
艱深的存在問題

濃霧消退時，他
留下了一疊手記和
整個手記的空白

我們不知道他的念頭，也
手記為什麼沒有
隨他而去
關於那整頁的空白， 他只說
比生活深
比霧淺的存在問題
這句遺註

從此在遙遠的海德堡
有了一個關於霧的傳說
以及不太明了的存在問題

1988年4月於格林威治村

唐人

在海外總能聽到山崗沉重的的呼喚
這以輪代步的遷徙
兩百年的漂泊是蓄意啊
怎能活說
怎能回首
儘管
我們曾結淚於瓶
　　　　　　　　沿途
吃著泡菜而來
那鹹鹹的滋味
回回舉筷時豈能不對
春花的磁盤產生遐想
年年夏季，家鄉屋前的曬穀場
夕陽里我們是坐在竹林邊的
喝著
用景德鎮的瓷碗
　　　　盛著的稀飯
以目送落西天的紅日
那時節，孩子們總愛說：我們
是在鹹雞蛋中呢！
你看，現在的太陽
不是跟我吃的蛋黃一樣麼
我用筷戳過

冒出的油
也是鹹的
而長者卻愛用雙手捧碗
舉進逆攝而來的光
透過嵌著米粒的玲瓏
總是看見，一座座瓷窯
好晶瑩啊！

1988年4月於紐約

石村，他是最野的藝術家

藝網

“只有在紐約這個世界最好的街頭博物館中，藝術才可以打破形式和圍牆，自由地存在，讓所有的人欣賞，這就是我做畫的目的，也是我藝術所追求的終極目標。”

紐約，紐約！

打開百度搜索“石村”，度娘會告訴你很多叫石村的村，石村不是一個村，石村是一個人，名字裡帶“村”的男人我最欣賞的有兩個，一個是木村拓哉，一個就是石村。80年代末在美國、德國的美術館看到中國藝術家作品的機會可謂寥寥無幾，而石村就是其中之一。

沒考上美院可能是石村最幸運的一件事，上個世紀80年代，欣賞他藝術才華的美國女孩把石村帶到美國發展。1987年，從南京到紐約的石村也像其他潦倒的中國藝術家一樣，在街邊支起畫板替人路人畫肖像。

很有個性、自成風格的石村很快就得到人們的賞識，他在紐約下城區東村有了自己的工作室。紐約的格林威治、下城東區的藝術村給在國內接受藝術教育的石村帶來很大的撼動，他開始重建自己對藝術的認識，在紐約當時的後現代主義思潮中，啟發他利用多種媒介進行藝術創作。紐約天生適合喜愛自由的人們，這樣自由的環境，給了他極大的施展才華的空間。

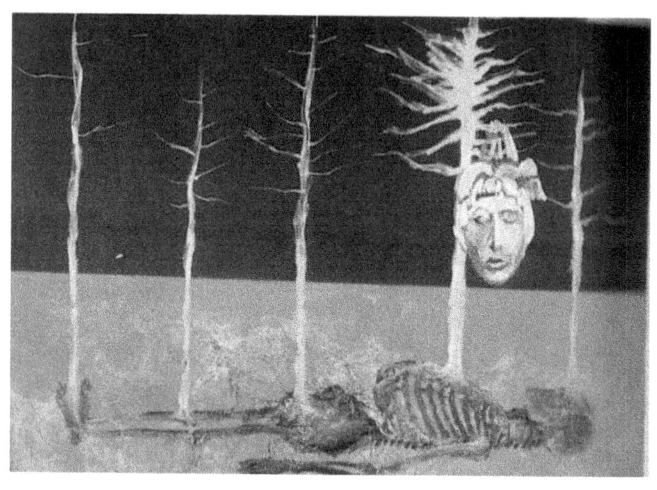

Shi Cun Artwork,Mix Media,1992

石村那時就已經開始創作與那個時代與環境相關的作品，而並非單純的在畫面上迎合時局，或者單純的探討媒介與形式等一些關於美感的話題。1990年石村分別在紐約的White Columns空間、另類博物館（Alternative Museum) 以及鐘樓畫廊（The Clocktower Gallery）參與了三個重要群展，他的作品還被挑選參加了幾個歐洲的展覽，其中一件“一個古老的愛情故事 (An Old Love Story)”被德國卡塞爾的格林兄弟博物館收藏。

事實上那個年代最重要的偶像仍然是安迪沃霍爾，我們能在石村的畫中看到波普藝術的影子。石村的繪畫之所以在德國如此受歡迎，可能也源於他的畫作中也帶有很明顯的德國表現主義的踪影，也顯示出德國人對於他國藝術家（特別是中國）對本國在藝術上的情感投射非常感興趣。無意將石村和安塞姆基弗進行對比，同樣是關於死亡與戰爭，石村的畫呈現出不同的態勢。

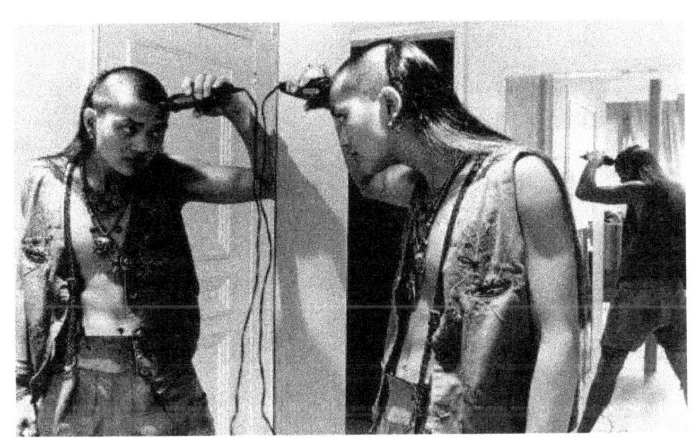

石村在一部紀錄片中的造型，1992年

在談到自己繪畫的時候，石村曾說：我的畫看起來似乎很激烈、很暴力，其實我在畫得時候非常安靜，甚至連音樂也不聽，即使我在用火燒，用刀刻，我的內心也是十分寧靜的。”當對待自己的作品的時候，也許出於一種異國的身份，石村始終如同隔岸觀火，以第三人稱的身份，介入對普世價值，生死觀的探討。

作為一個早年踏上異國的中國藝術家，石村也和那時在美國的艾未未、林大苗、王功新等藝術家非常交好。身在異國的中國藝術家普遍都有對本國傳統文化的留戀，即使是石村也是如此，而且他在這一點上更趨於“克己復禮”的態度。他不贊成藝術過於情緒化，而更喜歡中國文人那種平和的做法，既像一幅狂草，也是溫和漸進的。

一個特立獨行的搖滾明星

“世人因我與眾不同而嘲笑我，我嘲笑他們是因為他們都是一個德行。”

——科特柯本（kurt Cobian）

90年代初的美國正是GRUNGE ROCK的天下。厭倦了紐約畫廊的石村試圖通過音樂來伸張自己的態度，而不再滿足於在畫布上進行創作。被台灣導演王財祥發掘後，石村開始進軍台灣演藝界，台灣的唱片公司為他打造了一張重金屬搖滾專輯《搖滾街頭一條漢子》，石村自此以搖滾樂手的身份在台灣出道。

當時台灣的音樂雜誌對他有這樣的評價：“專輯《蛾》這首歌詞意簡單明瞭卻句句一針見血，對人性的諷刺、嘲笑。在石村眼裡，世界就像一個毫無邊際的大舞台，而人們站在上面或跳或轉動，但其目的為何？而年輕時代的種種，石村認為好比一部紅色的法拉利，很炫耀、招搖，但是也不過短暫——年輕原本便是短暫的。”

嗚謝苦難，因為苦難是大多藝術家的源泉，我們從石村身上看到這句話最充分的詮釋。從音樂到搖滾，我們看到的不僅僅是畫布上的塗抹，和華麗歌詞的簡單堆砌，從內部透露出來的關於人生、青春的看法，也沒有那麼的深刻難懂，但它們卻是青春應有的狀態，是經歷過苦難後生命的、自我的覺醒。

後來，不甘寂寞的石村擔任過亞洲MTV音悅台的主持人，隨後十幾年沈寂在商海之中。幾經沉浮後，又因為藝術再次回歸眾人的視線。2010年，他的作品《人民幣NO.1》讓更多人再度認識了他。

COMPANY TOWN

MTV Hopes Chinese Will Be Staring

■ Television: A funky, cross-cultural host leads music channel into battle for the Mandarin-speaking market.

By MAGGIE FARLEY
SPECIAL TO THE TIMES

HONG KONG

Schutze, with half his head shaved, the rest of his hair hanging to below his waist, pierced ears, lederhosen, purple tights and combat boots, is not the kind of guy you often see in China.

But he soon may be. Schutze is the face of MTV's Mandarin-language channel, beamed by satellite to Chinese-speaking countries around Asia. A funky combination of Greenwich village and a Chinese village, Schutze has already sparked a craze for lederhosen in Taiwan.

"It's a little bit harder to get my hair," says Schutze, who started growing it out 10 years ago as a teen-ager in Nanjing. "But I've seen that already too."

In the battle for Asia's increasingly affluent young viewers, MTV is dueling with Star TV's Channel [V], a Hong Kong-based satellite channel that was once MTV's Asian licensee. After MTV split from Star last year, Channel [V] grabbed the market. What will distinguish the two channels, which have similar repertoires of music videos, is localization, distribution and personalities.

And Schutze, with an energy level so high that he recently bounced from China to Singapore to Hong Kong in one day, stopping only for a toothbrush and a change of tights, is the kind of host MTV hopes will help it win the battle.

Schutze is more than an ultra-cool video jockey: A recent album marked his debut as a musician, with his own poetry and paintings on the lyrics sheet. His art has been shown in galleries in New York and Berlin. His name is a German variant of his Chinese name, and he says he chose it because he thought it was cool that in German it means "archer."

"He brings together in one person a lot of elements we look for," says Bill Roedy, international president of MTV Networks.

Schutze doesn't just make you want to

Please see ASIA, D4

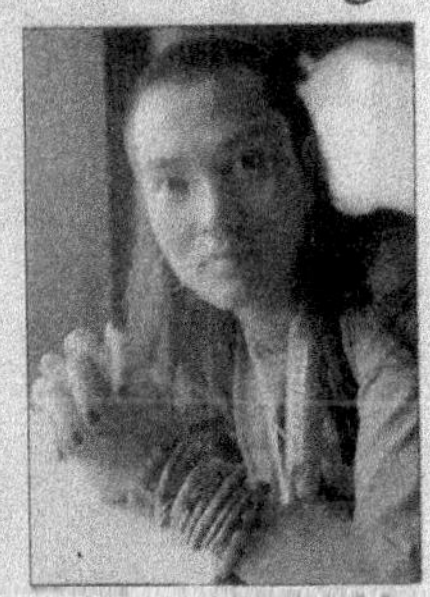

ANDY SHORT For The Times

Schutze will carry MTV's banner into Mandarin-speaking Asia. Chinese by birth, he honed his English in New York.

石村擔任美國MTV音樂台亞洲主持人接受LA時報採訪

“王八客”與ONE BUCK

後來，不甘寂寞的石村擔任過美國MTV音樂台亞洲主持人，隨後十幾年沈寂在商海之中。幾經沉浮，又因為藝術再次回歸眾人的視線。2010年，他的作品《人民幣NO.1》讓更多人再度認識了他。

這一系列的作品源於一個上海商人欲花五千元向他定製作品，而實際上石村當年的一幅畫就已經賣到了一萬美元，在沒有看到他作品的前提下，就已經被標上價格，他認為這是對他藝術的諷刺。於是他用“人民幣“這一形式表達在資本運作的當今社會背景下普通人對藝術的膚淺見解。由於他也在商場打拼許多年，對於如今“拜金”風氣盛行的現狀更加體會深刻，故而產生了這一系列作品。

當人們花高於一百元的價錢來買一張一百元面額的錢幣時，資本和藝術之間的關係才變得有趣起來，在這一對峙下，藝術是高於金錢的的非物質存在。石村這一系列的五張作品，耗費長達九年的時間，憑藉此作品應邀參加紐約軍械庫藝術週的The un(Scene)藝術展。

2015年，石村將藝術帶到了紐約的街頭，而並非任何一個藝術空間。他將一張一美元的馬賽克作品裝在一輛拖車上，戲謔的將之命名為頗具諷刺意味的一語雙關“ONE BUCK”（王八客），在紐約街頭開始了他的移動美術館計劃。

對於這件作品，石村意味深長地解釋道：“自從ONE BUCK(王八客)出門在外以來，我就沒法知道他的未來了，我也不知道自己的未來。也許人生真正是無法知道未來的，所以我們活著，走著，並不知道是往前還是往後，也不知道是往上，還是往下，我們只是在路上。在路上，紐約的路，人生的路，都是我命運注定的路途。只有在紐約這個世界最好的街頭博物館中，藝術才可以打破形式和圍牆，自由地存在，讓所有的人欣賞，這就是我做畫的目的，也是我藝術所追求的終極目標。”

2017年12月15日於北京

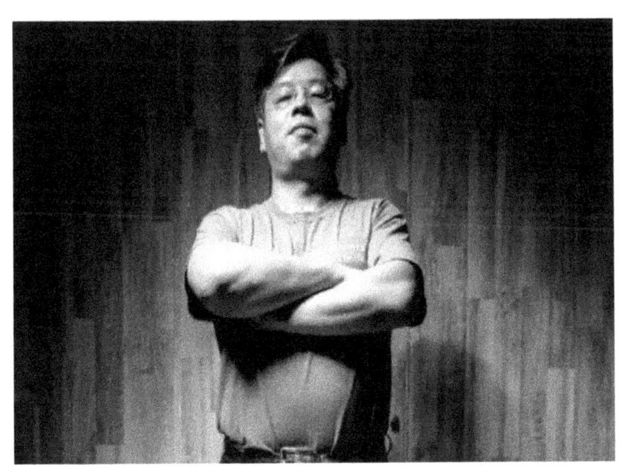

伊沙

原名吳文健。詩人、作家、批評家、翻譯家及編選家。1966年生於四川成都。1989年畢業於北京師範大學中文系。現於西安外國語大學中文學院任教。出版著、譯、編90餘部作品。獲美國亨利•魯斯基金會中文詩歌獎金、韓國“亞洲詩人獎”以及中國國內數十項詩歌獎項。應邀出席瑞典第16屆奈舍國際詩歌節、荷蘭第38屆鹿特丹國際詩歌節、英國第20屆奧爾德堡國際詩歌節、馬其頓第50屆斯特魯加國際詩歌節、中國第二、三、四、五屆青海湖國際詩歌節、第二屆澳門文學節、美國佛蒙特創作中心駐站作家、美國亞利桑那大學為其舉辦的朗誦會、奧地利兩校　刊為其舉辦的朗誦會與研討會等國際交流活動。

種族歧視

最近才知
針對亞洲黃種人的種族歧視
是用雙手把雙眼拉長
並做出相應的鬼臉

我覺得
與對黑人的侮辱相比
這要輕多了
甚至可以不叫 " 種族歧視 "

如果這一切
非要發生在足球場上
我希望集體得白化病
進化來的人（這就算我對白人的 " 種族歧視 " ）

面對的是韓國人
而不是中國人
前者必出手便打，後者不會還擊
至於日本人，也許會打，但我瞧著不開心

公車上的乞丐

一個乞丐
上了公車
佔了老弱病殘專座
他似乎震驚了自己
他吃驚的表情
一直凝固在臉上
直到下車前
把座位讓給一個小孩

破鞋傳

毛時代
似乎每個單位裡
都有一個公認的破鞋
時代已為她們平反了
文學也不再把她們
當作反面人物
（其中包括我的文學）

我父母供職
我打小長大的動物所
也有那麼一個
專辦她的男徒弟
一路走來
不同年代
永遠年輕的男徒弟
在那荒蕪的年代裡
與我媽同為外國小說控
最早傳閱過《今天》
我還散給她《一行》
上半身永遠向上
下半身永遠向下
比誰活得都現代文明
只是命運對她緊追不放
對一個壞女人壞妻子壞母親的懲罰
毫不手軟
父親回了趟單位
帶回她的近況
丈夫病危
二子死於吸毒
她已經快瘋了

可疑的礦工

中年之累
陪父去做手術
他的手術還沒做
我自己先病了
我再次看見他
已是四天之後
病房裡認識的人
已經走光了
滿眼全是陌生人
"你還記得那個
三門峽來的礦工嗎？ "
父親問：
我回答：
"我記得，塊頭不小那個"
"他自稱是礦工
說完自己就笑"
父親湊近我說：
"啥礦工？勞改釋放犯！ "

伊沙：能夠自嘲的人是勇敢的

伊沙，1966生於四川成都。四川這片神奇的大地，為現代詩孕育出了一大批優秀的詩人。伊沙後來移居陝西西安，他的《車過黃河》、《結結巴巴》、《餓死詩人》等詩歌作品令他聲名遠播，他的口語和調侃能力確乎一流。而他對於網絡詩歌發展的貢獻也不容忽視，特別是在詩江湖網站，伊沙對於聚集在那裡的70後和80後詩人們，均起到了一定的引導作用。

伊沙天然具有戲諷的能力，比如《張常氏，你的保姆》：“我在一所外語學院任教/這你是知道的/我在我工作的地方/從不向教授們低頭/這你也是知道的/我曾向一位老保姆致敬/聞名全校的張常氏/在我眼裡/是一名真正的教授/系陝西省藍田縣下歸鄉農民/我一位同事的母親/她的成就是/把一名美國專家的孩子/帶了四年/並命名為狗蛋/那個金發碧眼/一把鼻涕的崽子/隨其母離開中國時/滿口地道秦腔/滿臉中國農民式的/樸實與狡黠/真是可愛極了（1998）”。這首作品，充分展示了伊沙信手拈來的本事。伊沙才華橫溢，有點詩仙“李太白”式　的縱情恣肆，甚至偶爾會由於驕縱而有所野逸。但是，我們必須謹記的一點是：能夠自嘲的人是勇敢的；而伊沙式的“冷幽默”也許正是因為他有著獨特的人文視角，他想擁有的美好還有很多。就像他的《越南的憂鬱》當中透露出來的溫情：“雨打芭蕉/不見有淚滴落/只留下這些/濕漉漉的靜物//越南是憂鬱的”，從中我們可以發現另外一個“他”。

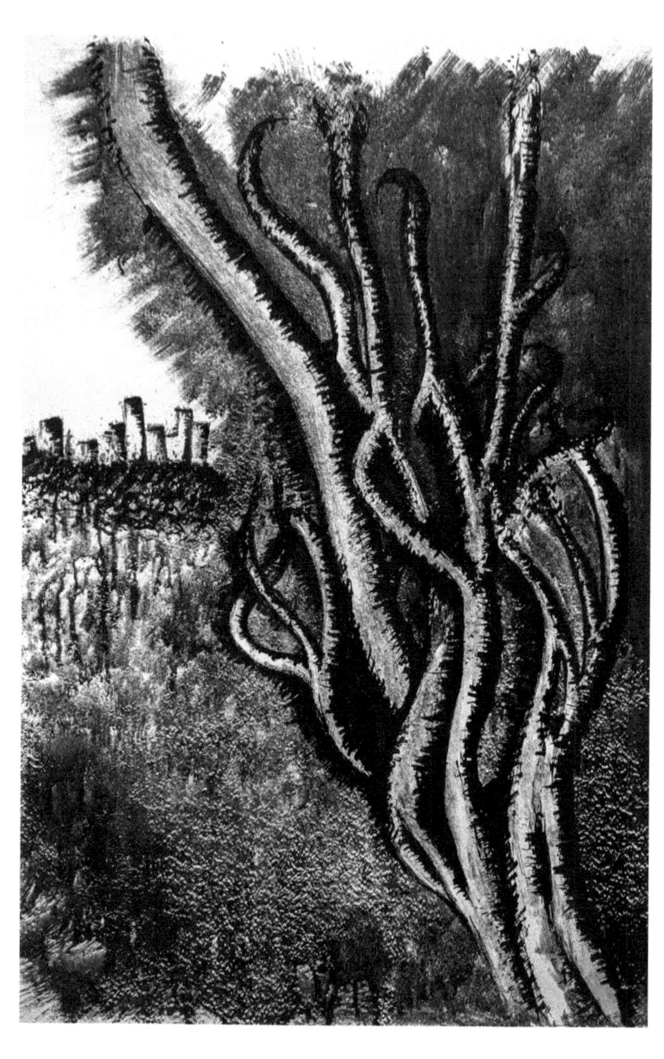

Monotype Print, 2016, Tyron Shi

石天龍作品

獨幅版畫 2016年 紐約

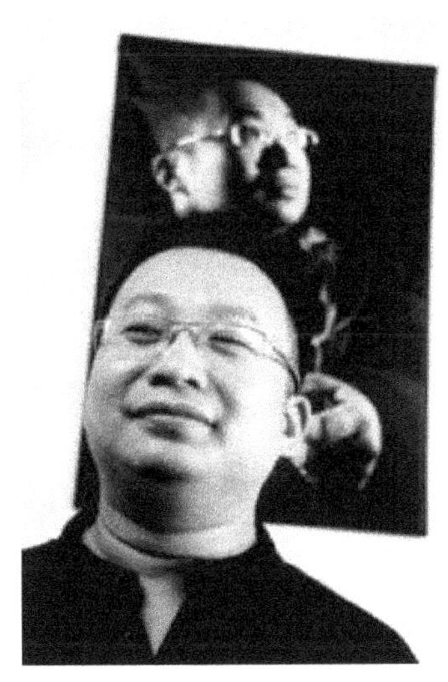

徐 江

詩人、作家、文化批評家。生於1967年，1989年畢業於北京師範大學，1991年創辦著名詩歌選本《葵》。著有詩集《霧》《雜事詩》《雜事與花火》《我斜視》，詩學論著《這就是詩》《現代詩物語》，文化史《啟蒙年代的鞦韆》等二十種。主編跨世紀詩選《1991年以來的中國詩歌》《給孩子們的詩》。曾先後獲評第二屆中國當代十大傑出青年詩人獎、首屆葵現代詩成就大獎、《世界詩人》2006年度國際最佳詩人、第二屆長安詩歌節現代詩成就大獎、第三屆“美麗島”中國桂冠詩歌獎詩學獎、新世紀詩典李白詩歌獎（創作銀獎、銅獎及評論獎）、“新世紀十年中國當代詩歌精神騎士”、中國當代詩歌批評獎（2000-2010年）等。

燈

午飯的時候
走在街上
為了多曬一點陽光
我走在了朝陽的一面
但有一段路
還是在樓的陰影裡
只有走出它
才能獲得理想的光照
可事實是
我走出陰影了
陽光並沒有
想像裡溫暖
地上光淡淡的
還夾了一點灰
已經走到十字路口的我
抬頭望見太陽的一部分
正被裹在雲影裡
我繼續往前走
穿過路口
地上的光忽然亮了亮
估計是雲影走開了

我繼續往前走
地上的金色更重了
四下變得一片燦爛
哦，當然是陽光
但這一刻我忽然在想
也許陽光在天上
並不是陽光
它是一盞油燈
剛才短短的
這麼幾個瞬間
不過是一隻巨手
在一點點調著光亮

街角便利店

--掌櫃的，來二兩去年
--木有去年，只有明年

--那來二兩明年
--有明年，但你得一起交出今年

--我來二兩今年
--木有今年，你可以賣給我今年

--那我要後年
--木有後年，這個星球的壽命只到明年十一月，
然後就搬到前年的一顆星球上了

--那我還能賣到點兒什麼
--半本兒徐江的詩集

私人公祭

看梵高的畫
有人研究說
瘋子的大腦裡
就是那樣認讀色彩

看畢加索的畫
有科研人員說
在精神分裂症
患者的大腦裡
人就是那副德性

在我童年的記憶
“文革”末期
幾乎城市的
每一塊街區
都能撞見個把瘋子
運動結束了
他們並沒有成為
梵高和畢加索

徐江：每顆恆星都是孤獨的

徐江，生於1967年，1991年創辦民刊《葵》。徐江善於描寫日常生活當中的細節，將那些看似很不起眼的事物擁有的詩性因子呈現出來，從而表達生命個體在世狀態下的獨特的精神價值。

在《河》當中，徐江寫到："我也到過河的另一端/東側的沿河公園比飯店那一側/更顯寧靜荒蕪/高樓在雨中的河水里晃動/穢物前赴後繼朝東站漂去/ 青灰色的雲和水/為我打開/故鄉平素未有之畫卷//那種清冷與陌生/令我深深為之沉迷/穿上好奇和渺小/重回空闊童年的某個場景/而每當/盛夏的熏風拂面/我彷彿看見了我渺茫的嚮往/正逆流而上//無限長的河呀/在地理書上輾轉反側/與一個人記憶和人生有關的/卻只有這一段/它因有限的繁瑣場景/成為我心中偉大的河/我因留住彌足珍貴的微不足道/寫下新的詩章"。在熟悉的場景裡，事物敞開了她陌生的另一面，那些閃爍著神性光輝的悲傷的心靈片段，在時間的河流裡被淨化、清洗。

徐江在詩篇裡進行思想的雲遊，面對無法觸及的虛無，成為虛妄的歧異存在，這也是詩人對於寫作行為的反思方式。在詩歌《為東莞市（虎門）工傷康復中心的病友而作》當中，徐江寫到："事實上/在陰雲悄悄佈滿夜空之前/是有星星的/但樓群、燈光和笑聲/詩人們透過話筒的詩句/容易使人忽略掉它們/有一瞬我走到了湖邊/看著黑暗中的水面/我看不清它/可知道它在動/我還能感覺到在那漾動的深處/藏著恆星的倒影”。詩人在一個時代裡的位置，到底是和上帝會有什麼樣的關係？這個問題顯然無法作答，就像恆星的孤獨一樣，彷彿無足輕重而確乎如此，自始至終。

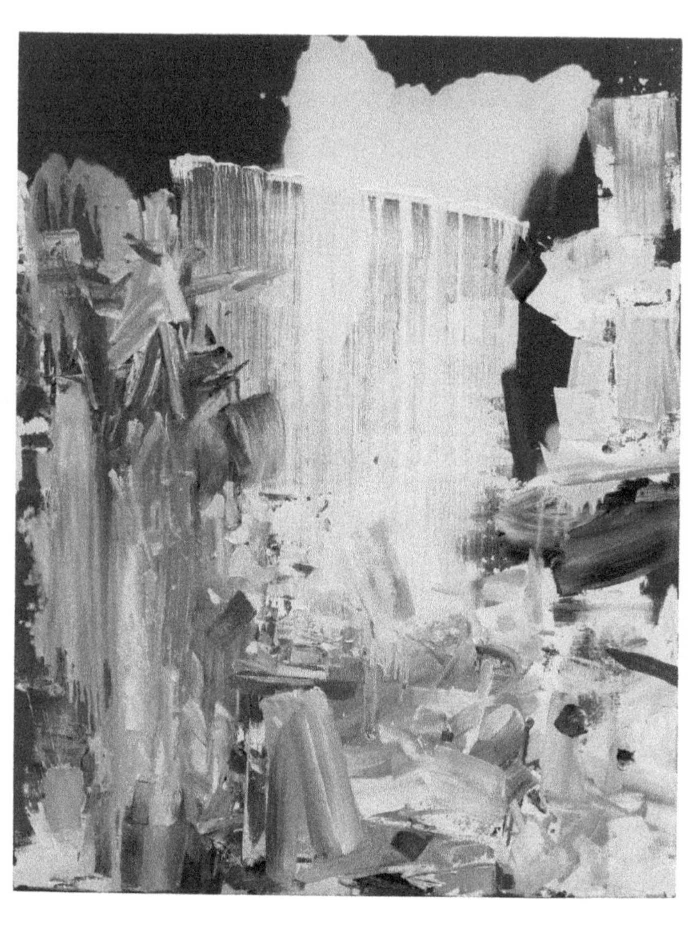

馮良鴻作品《黑白17-10-1》
布面油畫
2X2.50m
2017年

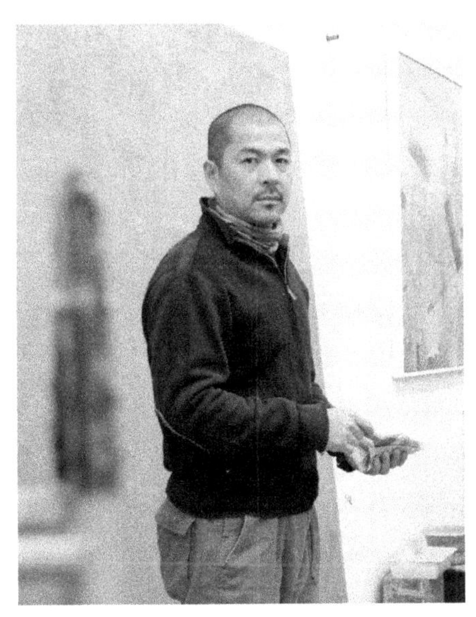

馮良鴻

畢業於中国工艺美术学院（先清华大学美术学院），曾旅居紐約，現工作、生活於在北京。作為一名自由藝術家，馮良鴻八十年代初開始抽象繪畫創作，曾多次在美国以及国内舉辦和參加個展及聯展。他關注於極簡，塗鴉，觀念等西方藝術流派在當代繪畫中新的可能性。在持續的創作實踐中，融合書法和水墨畫意境，先後完成了“畫室”與“文字與塗鴉”等系列作品。美國評論家喬納森·古德曼（Jonathan Goodman）评论他的作品为“中西藝術融合與疏離的典型代表之一”。

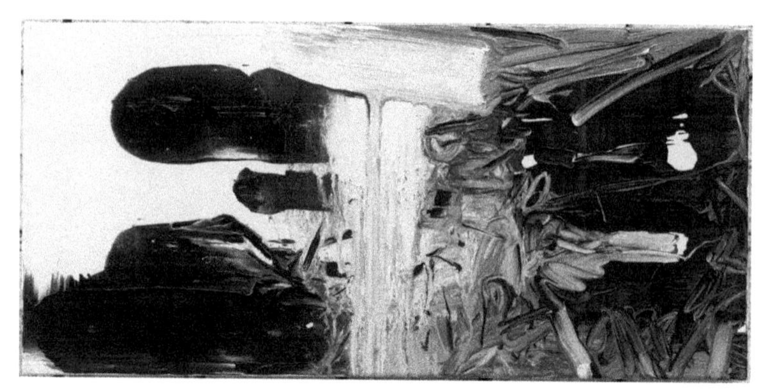

馮良鴻作品《11-50》
布面油畫
30X60cm
2011年

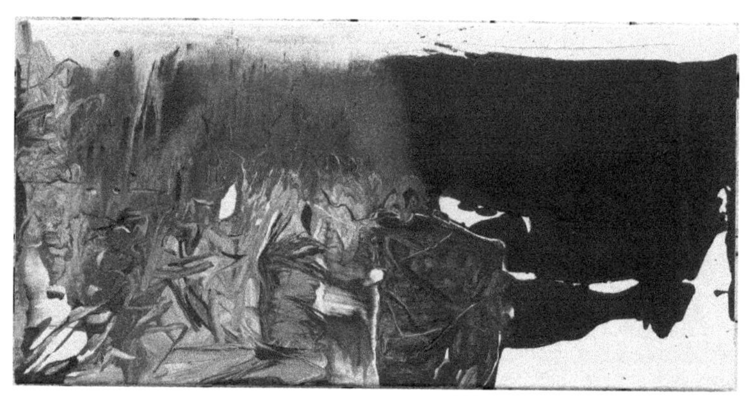

馮良鴻作品《11-51》
布面油畫
30X60cm
2011年

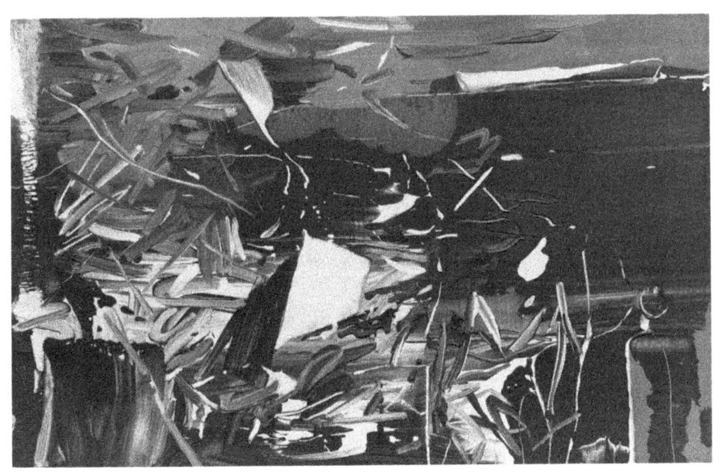

馮良鴻作品《黑白》
布面油畫
80X50cm
2012年

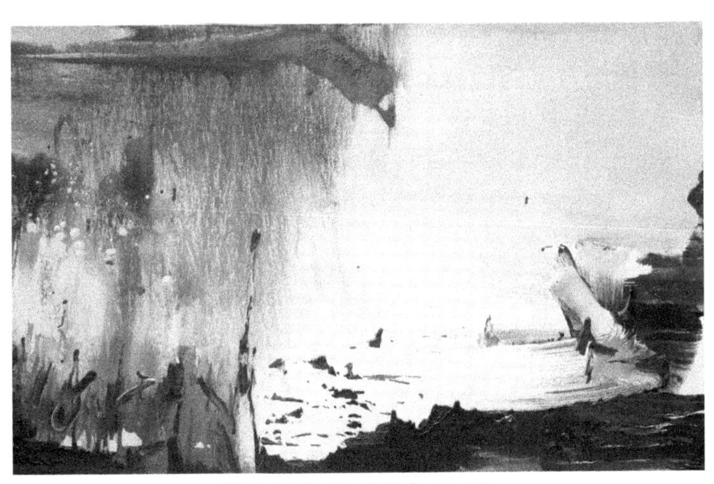

馮良鴻作品《黑白12-7》
布面油畫
80X50cm
2012年

抽象繪畫中“生長”的時間與空間

劉倩

藝術家馮良鴻將工作室佈置得簡單實用，一兩百張繪畫幾乎佔據了一半空間，整齊的碼放在各個角落，作品大多都是反扣的，只能看到帆布，木框和一筆一劃的簽名這是他多年來已經習慣的工作方式：“畫畫的時候，我會把其他作品反扣起來，不要有任何干擾，我要看到的就是這一張畫，我想要當下的感覺“。他說畫畫就像植物的生長，是自自然然的，當前一張畫留下的遺憾，也就是下一張畫的開始。

對於畫畫的態度，就像馮良鴻的性格一樣，自然流露而不是刻意追求，連說話語氣也是隨意而且溫和的。從上世紀80年代開始鍾情於抽象繪畫，1989年畢業於中央工藝美院之後旅居紐約，2006年年回國，直至如今的三十多年來，馮良鴻依然在堅持這樣一種純粹的表達方式，他將畫畫和自己的生活關聯在一起，“我會老在琢磨那張畫，我認為我的畫畫就是我的生活。“

從好奇心而來的抽象繪畫三十年

雅昌藝術網：馮良鴻老師您好，最初了解您的作品是2013年您的個展“馮良鴻的抽象繪畫”，都是大色塊純粹的抽象繪畫能否首先介紹一下您對抽象繪畫的關注和創作歷程？

馮良鴻：畫抽像畫開始於80年代，最初是因為好奇心，在追溯美術史的時候了解印象派，後印象派，野獸派等，這個過程中必然會想到抽象這部分，但那時候對抽象並沒有想得很透，所以只是源於一種好奇心，想去嘗試。那時候的作品都是自發性的，沒有參照，只是想更多的了解，其實抽象繪畫涉及很多內容，只有在實踐中才能一點一點理解它，消化它。

90年代我到了國外後，看到了西方半個世紀的藝術發展，突然感覺視野一下子打開，卻又點兒迷茫了。因為在國內時，會拿國外的當代藝術做一個參照的對象，但是真正到美國之後，自己被這些東西包圍著，那個對象消失了，有一種落差感，我面臨著選擇，因為當我到紐約的時候，“壞畫”和裝置藝術盛行，抽像畫在國外已經有一百的歷史，第二代抽象派的作品已經進入博物館，所以當時對繪畫很難有一個清晰的認識，需要重新認識和確立。但是有一個意志，就是我覺得要繼續畫下去，覺得還是有東西可尋，繪畫不會死亡。

如果要堅持，那畫什麼，怎麼畫，這些都是很實在的問題，所以我那時在畫抽象的時候也在關照別的東西，除了紐約畫派，極簡主義，壞畫和新表現之外，尤其對周邊的環境也關注，我的畫面上也受到一些新啟發，畫了一批和線條，文字相關的繪畫，但是基本上沒有借助任何其他材料和工具，都還是以顏色，油彩，畫布這樣基本的繪畫材料為主。

後來在90年代中晚期，我將我的繪畫分解出兩種不同部分，第一是理性的，規範的;第二是非理性的，破壞的，我把這兩個部分分解成文字和塗抹兩種方法。我有一個體會，在美國突然看到有中國字的時候，就會感覺這是和中國有關的地方，就會想到中國，就像在看NBA比賽的時候，有的球星會在身上刻有中國字的紋身，從中也看到對中國字的興趣，所以我想，文字在這時成為了一種符號，一種標誌，就把文字這種符號作為畫面的基本元素，與潑灑，塗抹一起，畫了一批文字系列的抽像畫。之後就是2006年，回到國內，租了工作室，準備重新開始。

雅昌藝術網：從80年代好奇心，到90年代出國之後的選擇，再到90年代中後期的改變，直到2006年年回國又是一個新的節點。

馮良鴻：嗯，重新再思考抽象這樣一個概念，我總覺得抽象繪畫中需要有新的元素充實進去，因為在極簡主義之後好像平面的藝術走到了頂點，雖然我也非常喜歡極簡主義藝術，但是我希望我的作品中有更多可能性，我覺得抽象繪畫還是回到直覺中，生活中去，因此我畫了一些和風景相關的作品，重新體會抽象的意義，想從中去尋找新的突破口和靈感來源。

你曾看到在中間美術館的個展，是我最近四五年的近作，改變了我此前平面性的繪畫，畫面好像有另外的空間，這種空間不是平面的，也不是機械性的。

抽象中的時間與空間

雅昌藝術網：聽您講述整個對於抽象繪畫的創作經歷，首先比較好奇的是在最初了解了整個西方美術史之後，為何會單獨對抽象繪畫比較感興趣？

馮良鴻：這是非常偶然的，我對繪畫有著好奇心，覺得抽象藝術可能是繪畫中非常重要的環節，抽象繪畫是作為現代主義的一部分（比如康定斯基，蒙德里安），是對美術史的一次革命性的挑戰，它改變和啟發了人們對形式和形而上的繪畫語言的重新思考，它使得繪畫更具有本身的獨立性。我是憑直覺和自己的感性覺得抽象繪畫比較適合我，它自由，純粹，也很獨立，拋開一切描述性，敘事性的東西，這其中有很多繪畫本身的因素可以去探求。我的興趣點就是這樣開始的。

雅昌藝術網：您跟我們介紹了您在1982年年最早畫的一張抽象繪畫，現在再回過頭去看這樣的作品會有什麼樣的感受？

馮良鴻：拿出來看一看會覺得很高興，看到這張我會想起得畫這張畫當時的情景，如果這張畫沒有了我可能也就忘記了，它給了我一個提示，至於這張作品畫的到底怎樣已經不重要了。

雅昌藝術網：您說到美國之後，遇到了很實際的問題，就是當抽象繪畫已經成為博物館裡的收藏品時，抽象繪畫的意義在哪裡但最後還是選擇了繼續畫下去，在當時是怎樣思考的？

馮良鴻：抽象繪畫在西方已經深入人心它利用了所有繪畫的基本元素，例如構圖，色彩，包括油彩的材料質感，筆觸，抽象的形象等，成為繪畫的主要表現內容我覺得這些是繪畫的最基本元素，它是不可能被替代的，就像音樂，是由哆來咪發這些基本音符組成了五線譜。我認為這才是抽象繪畫的本質，回到了繪畫本身的視覺語言中，我覺得這是非常有意思的。

雅昌藝術網：那會受到一些藝術大師或者重要藝術家的影響嗎？

馮良鴻：應該說是受到了很多人的影響，我喜歡很多藝術家，包括寫實的繪畫我到博物館非常喜歡看寫實繪畫，我覺得寫實和抽象是相通的，這些藝術的表達都會反饋給我從中。體會，抽象藝術是互通的，就像很多抽象藝術家也都借鑒了中國的書法，道家自然主義哲學思想，而且做的很好，這些都讓我得到很多快樂和啟發。我在其中也明白了一個道理，所有的過去的藝術精神財富都是人類共通的視覺經驗，這些文化資源是互通共享的，所以不必在乎東方西方這些地域性的差別，所有不同地域的體驗都是你的個人經驗，讓自己更開闊更自由的去選擇。

雅昌藝術網：您說您現在的創作更多的是對於空間和時間概念的陳述？

馮良鴻：畫是空間的，我覺得空間也是有很多概念，我們以前學過的透視空間，平面空間，色彩厚薄前後之間的空間，還有一種心理空間，這都是藝術家所熱衷的事情和琢磨的由頭，時間則是體驗的，一幅畫只有在時間中才能感受“生長”這個概念，我總覺得繪畫的過程就像一個植物生長的過程就像我們寫毛筆字，它是瞬息的過程。但是油畫就不一樣，油彩的一塊顏料要幾個小時甚至兩天才能幹，所以在這個過程中是可以重複的畫，看上去是很短的時間，卻可以延伸成兩天，油彩把時間概念延長了。

雅昌藝術網：有點兒像“星際穿越”，把時間的概念給劃分成一格一格的空間，是否是類似於這樣的概念？

馮良鴻：時間的概念太豐富了，很有意思大家都對這個感興趣，包括你說的電影本身其實時間也變成一個大眾感興趣的話題，各種東西都是在時間的概念中生髮的，這其中關係就會有很多不同，空間也會變化。速度本身會把時間的概念縮小或是延長，這就會給你帶來各種不同的概念，場合，那麼畫畫就是靜止的，在這其中也能體會到時間的概念，只不過它不是很極端的形式，不像電影那樣科幻，其實我們很早對這樣的觀念就有關注，例如說山中方七日世上已千年，尺有所短寸有所長，這些都是把時間和空間相對來看，說明這都是可以用心理去感受和體會。

抽象繪畫的可能性

雅昌藝術網：這樣的概念和想法，傳達到畫面中是您所想要表達的狀態，但是沒有對觀眾進行一種預設？畢竟觀眾對於純粹的抽象繪畫本身比較難以理解的。

馮良鴻：實際上觀眾真的應該是從他們自己的

角度去觀看繪畫，我覺得一點都不難，比如像我們聽一首歌曲，大家都覺得這首歌好聽，去分析它的曲調，分析哆來咪發是如何組成和搭配的，或許你不懂它的意思，但是心裡卻會有感受和反應，同樣，繪畫也是有剛剛所說的基本元素，如色彩，構圖等，把這些東西組合成一件作品，觀眾也會喜歡，可能他們看不懂其中要表達的意思，但是會很喜歡這張畫，這就是有感應，抽象繪畫所提供的是一個載體，這也是智者見智仁者見仁的過程，不一定要去說明，只不過給觀眾提供了一個可能性，讓大家去感受。

雅昌藝術網：但是在當下，大部分人對於抽象繪畫這樣一個話題本身的評判還是難的，不像寫實，對於抽象繪畫看不懂，這是一個最實際的問題，您怎麼看？

馮良鴻：抽像畫什麼是好的，什麼是不好的很難說，這是個評判標準的問題這個標準也不是藝術家建立的，當人們對於抽象繪畫看的越來越多之後，自然會有一個尺度和標準，標準是在體驗和欣賞過程中一點點建立起來的。而不應該是去建立一個標準，讓藝術家去符合這個標準。因為藝術不是探討真理，它可以是邏輯的，也可以是非邏輯的，可以是理性的，也可以是非理性的，這些都沒關係，它會給你帶來一些思考和想像，或者會給你帶來某種愉悅和感受，那這件作品就有意義。

雅昌藝術網：好的，謝謝感謝馮老師今天我們探討您的創作歷程！

2014年12月28日

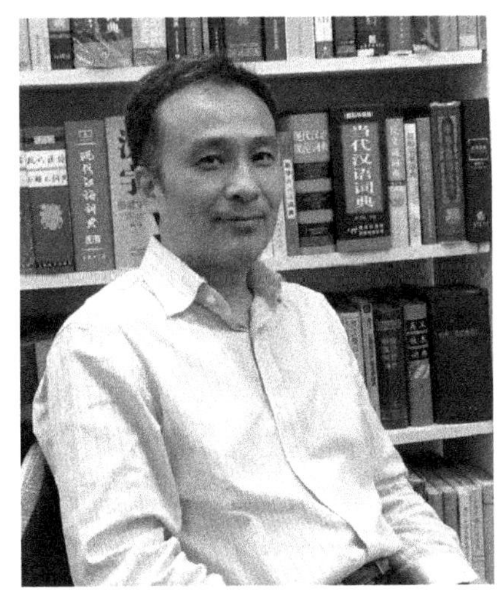

張宗子

河南省光山人，1983年畢業於武漢大學中文系在中央電視台工作五年，1988年秋自費赴美，學習英美文學。自1990年起，在紐約《僑報》工作十餘年，擔任編譯和編輯。2006年後，在紐約市皇后區公共圖書館工作。八十年代後期開始發表詩歌作品，九十年代後，寫作以散文和讀書隨筆為主，同時進行中國古代詩歌研究，並翻譯英文作品。出版散文集《垂釣於時間之河》《空杯》《一池疏影落寒花》和《梵高的咖啡館》，讀書隨筆集《書時光》《不存在的貝克特》《往書記》和《梵高的咖啡館》，譯作有《殯葬人手記》。

騎在毛驢上的人

這個由於被壓扁而成為胖子的人
本是畏懼旅途的
他說，無論是三月的江南
還是四季狂風的大漠
風景無非是一隻餓虎
不能拿來吟詩作賦
不能醃在壇子裡預備過冬
故人西去，把天空也帶走了
瘋癲的和尚年輕時見過的夜叉
自雪白的枯樹一飛沖天
成為他想像的疆界
他到死都躲在無燈的荒寺

風景把行路者變成別人的果實
牙齒嵯峨
依稀幾萬個都城
機智不是縮短而是拉長了事物間的距離
一度抹平他嘴角的皺紋
同時拔高了他的鼻子
處處退讓，是絨毛一樣的柔軟
卻不能減輕他的體重
方便他跨下驢背
他一生都在盼望一個好的行囊
裝滿水和風乾的駝肉
如他異國同樣肥胖的前輩所言

每過一天
吃喝就把生命的負擔減輕很多

很難說陷入就一定是悲劇
因為悲劇也可能是喜劇的假面
騎在毛驢上的人
習慣了騎在毛驢上
那是一種令哲學家扼腕的姿態
實際是拒絕了太多的東西
限制自身
結果限制了世界
癡愚造就他，分割他
就像神性造就和分割一個神

容不下任何凝視
他人的回首總是驚心動魄的
既使被大雪覆蓋
仍然留下了痕跡
比失去一部分肉身更輕易
但同樣繼承了衣缽
他們觀望的時候其實是被觀望了
看到的只是自己的影子
從這裡萬物重新開始
彷彿金幣在掌心里相互映照

至少有一種歷史是屬於桑丘.潘沙的
而那個被拉長而枯瘦如竿的人
總是叫做唐吉訶德

2017年11月10日

花　園

不要喚醒沈睡中的花園
不要單純依賴死亡來製造奇蹟
不要相信月光
和此刻正踏在腳底的路

在看不見的玫瑰叢中刺也是看不見的
看不見傷口就看不見痊癒
因為痊癒而重新回到傷口
由此牢記著你的幸福

疑慮使過去輕如鴻毛
你的未來則毫不猶豫地繞過了它
有一種未來沒有過去
彷彿你習慣了一再重生

每一次都把自己洗淨一點點
而植物仍堅守原來的節令
被遺忘十年或者二十年
如果必要，就是一生最好的時光

惦念的道路只是一個展示
在等待落幕或重新運行
誰會因此收攏在你的羽翼下
像一個星係不明所以的誕生

最終你必須習慣沈默
習慣一座花園隱秘的消逝
那些未曾出現過的面孔
映照出旁觀者的喜悅和憂傷

沉　落

鳥意識到自身為鳥
那不是幸福，只是一個開端
歷史嘲弄式的中斷
一條魚羨慕所有的魚
魚則共同羨慕著
一個不再飛翔的世界

翼然於地平線上的所有事物
都是為了沉落
因為時光在上升
——這唯一上升的影子
只要還攀附在絕壁上
就有友誼
在我們和深淵之間
在承認和拒絕的地名之間
在舌頭和被迫嚥下的腐爛果實之間
月光，一如既往地
照耀著李白和從未讀過李白的螞蟻們

2016年3月3日

張宗子專訪

子薑

張宗子是旅居紐約的著名散文作家。沒錯，我第一次聽到這個名字時，也馬上想到那位字“宗子”的明末清初散文小品大家張岱。大概張宗子這個名字注定和散文隨筆及小品文有不解之緣吧。張宗子旅美近三十年，幾十年來一直筆耕不輟，屢有散文、隨筆及翻譯作品在國內結集出版，計有十數種。趙毅衡讚他的文章“氣質雍容閒雅，沖淡飄逸”。陳瑞林評他的文字“純靜”、“沉靜”，立意“深”，並且說他的行文“遠挾魏晉氣韻，近寓明人雅趣”。而國內的讀者則讚他的作品考證事物，談詩說詞，文雅十足，功力深厚。

張宗子的近作《往書記》今年年初由三聯社出版。為慶祝這本書問世，《僑報》作家俱樂部在曼哈頓中城舉辦了“做一個好的寫作者——作家張宗子談新書《往書記》及散文創作觀”的講座，我們憶鄉坊諸多作者與讀者朋友也欣然相邀前往。講座中，大家都被張宗子的精彩發言吸引，傾倒於他的學識和風度，遂起念讓我以憶鄉坊名義對張宗子進行書面採訪。這就是此篇問答的源起。

子薑：宗子老師， 我在網上看過您的簡介。您剛進大學的時候，學的是理科專業。為什麼改中文了呢？是從小就有作家夢嗎？

張宗子：我從小喜歡文學，作文從小學到高中一直都特別好。還在小學，學了課本上幾首簡單的古詩和聊齋誌異中的小故事，就喜歡上古詩詞和古書了。從那以後，我的課外活動之一，就是到處找這些書。當時條件有限，找書非常困難。我讀《紅岩》時知道有《唐詩三百首》這本書，一問，剛巧我父親藏有一本。另外，還從鄉下同學家裡找到一本線裝《千家詩》和半本《聊齋》。高一時，一位同學借給我文革前出版的《宋詩一百首》和《唐宋詞一百首》，我把它全部抄下來了。《千家詩》我也抄過一本，並添加了從各處零散得來的古詩。

說到當作家，小的時候沒有這個想法，就是喜歡讀，喜歡寫。高考時，家裡擔心學文學有風險，建議不報文科。他們是那個時代過來的人，害怕。我化學成績還不錯，就報考了生物化學專業。

子薑：您提到從小喜歡寫作文，大學也改學了中文專業。但您四十歲以後才有第一本書出版。這期間您一直在堅持寫作嗎？有沒有中斷過？比如來到美國以後？

張宗子：我中學時候就給報刊投過稿，從沒得到過回音。大學時候全心全意寫作，嘗試過各種文體，寫了很多詩和散文，也去投稿，仍然從未中選。大學畢業後，我被分配到中央電視台工作。那幾年，開始在刊物上發表詩歌。有一首詩刊登在當時挺有名的《星星詩刊》，做了頭條，得了65元稿費。相對於我半個月的工資，很大的一筆錢。

出國造成閱讀和寫作上很短一段時間的中斷。剛來美國時，白天上學，晚上打工，根本沒有時間顧得上寫作。儘管如此，當我第一次讀到台灣《聯合文學》雜誌時，就給他們寄去以前的兩首詩。沒想到，都發表了。這給了我很大的信心。

大約兩年後，我到紐約《僑報》做編譯。報紙創設副刊，我就開始比較頻繁的為《僑報》副刊寫稿。大家都知道，萬事開頭難。寫作伊始，舉目無人，投稿而被採用是很難的事。而給自己工作的報紙寫稿，投稿這個問題就不存在了。於是就一直寫下去，直到今天。

子薑：您的讀書和寫作興趣是怎樣的？寫作的重點在哪裡？

張宗子：《往書記》的序裡有段話，正好可以回答這個問題："我的閱讀興趣從年輕時到現在基本沒有變化。中國文學，以古典為主，喜愛從先秦到宋的作品；以類別論，是先秦諸子，魏晉南北朝詩歌和散文，唐宋詩詞，唐人小說，歷代筆記和明清的白話小說；近代文學，偏好周氏兄弟以及沈從文，以及何其芳、卞之琳、穆旦、王辛迪等詩人；1949年以後的作家，讀的較多的是錢鍾書夫婦和汪曾祺。西方文學，則主要是十九世紀以來、直至二十世紀六、七十年代的詩歌和小說，其中小說的閱讀數量巨大。"此外，非文學領域，我喜歡歷史和哲學書。同時，我是鐵桿的武俠、偵探和科幻小說迷。現在流行的盜墓小說，也很對我的口味。金庸的書大多讀了五六遍以上。

我寫散文隨筆，寫現代詩、舊體詩，這三個領域，輕車熟路。我覺得翻譯也很有意思，還有趣味性的學術考證，以後會多花點功夫在這方面。古典詩歌的研究，現在正在做，希望能出幾本書。將來若能全職寫作，肯定會寫小說。文學體裁裡，只有戲劇，我大概不會去碰。

子薑：我注意到您翻譯過一本英文小說，您還有其他的翻譯作品嗎？

張宗子：你是說《殯葬人手記》吧。那是一本故事性比較強的散文集，不是小說。翻譯是九十年代的事。那本書當年很轟動，因為內容獨特。作者是位詩人，職業卻是開殯儀館的，他寫散文，文筆特別好。我當時在報社做編譯，正好藉機練練英語。沒想到翻譯出版之後，反響不錯，去年國內又出了新版。

在此之前，我翻譯過一些美國詩歌，不時會隨手譯一些喜歡的小詩，將來也許可以出一本譯詩集吧。里爾克的十四行詩我翻譯了一些，作註解，暫時擱下來了。我喜歡意大利作家卡爾維諾，在紐約市大唸書的時候，通過英譯本翻譯了他的《看不見的城市》。投稿給《世界文學》時，被告知國內已有譯文，結果未能發表。十多年後，想起來，把全文修改潤色一遍，準備出版。沒想到版權已被拿走，儘管有出版社很有興趣出我的譯本，還是出不了。只好等機會了。這本書我譯得很滿意，不能出，非常可惜。

子薑：當初是什麼原因促成您出國？在美國的求學和工作經歷可以講講嗎？

張宗子：我出國唯一想法就是接觸西方文化。中國古典文學是我本科的專業，已經打了一個相當好的基礎，只要我願意，可以隨時向任何一個領域進發。因為一旦選定路徑，剩下的只是一個造詣深淺的問題。而西方文學，其時國內的翻譯，數量有限，既不全面，也不繫統，滿足不了我的要求。打個比方，我喜歡李白，我可以把他的作品全部讀完，可以讀他的傳記，歷代評論，可以讀唐史，讀道教史，了解他生活的時代和思想背景。但是我喜歡一個西方作家，比如那時候喜歡的博爾赫斯，情形是什麼樣的呢？除了一本薄薄的博爾赫斯短篇小說選，和幾篇介紹文字，就再也找不到其他資料了。

這使我覺得很不痛快。我讀喜歡的作家，都是要把他讀全讀透的。除此之外，我也很想了西方文學的政治、哲學和文化背景，比如西方的繪畫、音樂、電影，等等。這就是我當時的想法。我沒有辭職，是停薪留職。單位告訴我，五年之內回來，工作不變。如果不是後來的意外，我可能三年多就回北京去了。我對長留美國沒興趣。寫作，我覺得當然是在母語的環境裡更好。

初到美國，我先在哥倫比亞大學和其他學校學了一年英語，進了紐約市立大學，讀英美文學的研究生。讀了一年，找到了報社的工作。我發現邊上學邊工作實在受不了，就中途退了學。上學太累的主要原因，是我英文底子太差，閱讀有困難，何況每周用英文寫論文。我的英文閱讀是後來在報社做了幾年翻譯後才提高得有點模樣的。

子薑：您是有理科基礎的，來美國以後想過改專業嗎？我知道很多學中文的，來美國後，改學了容易找工作的專業，比如會計和計算機編程。或是考執照做房地產及貸款之類的代理，你曾經想過這樣做嗎？

張宗子：剛來紐約時認識的朋友，大多和我一樣，在國內是學文史哲專業的。他們無一例外，全都改了行。唯有我，堅決不改。這有兩個原因。第一，我不准備在美國留下來，無需改行。其次，我喜歡文學，我不會因為別的考慮把喜歡的丟下。後來在美國留下來了，生活是很實際的問題。我也曾考慮重新回到學校，學學電腦什麼的，找個更好的工作，多賺點錢。我去試過電腦，但怎麼也學不進去。我太喜歡中文，是著迷的那種喜歡，以至於覺得，如果有一天英文也學得很好了，那就對不起自己的母語了。這是很奇怪的想法，是吧。也許只是我對自己英文不那麼好的一個自我解嘲。

子薑：您在美國用中文寫作，有沒有感覺特別寂寞？如果有，您怎樣克服那種孤獨寂寞感？如果沒有，那又是為什麼？

張宗子：從寫作中，我得到的始終是快樂。如果寫作不是快樂的，我早就放棄了。這也就是我對蘇軾那段話特別覺得心有戚戚的原因。蘇軾說過，“某平生無快意事，惟作文章，意之所到，則筆力曲折無不盡意，自謂世間樂事，無逾此者。”盧梭說，人是生而自由的，但卻無往而不在枷鎖之中。毛姆的自傳小說，用了盧梭的話，起名《人生的枷鎖》。中國的袁宏道也說，人生在世，如“衣敗絮行荊棘中，步步牽掛。”我認為人只有在寫作中是自由的，可以為所欲為的。這也就是快樂之所在。寫作的時候不僅是我最開心的時候，也是我最充實的時候。

子薑：似乎您讀的書和寫的東西大多與中國古典文學有關，在海外堅持中文寫作，堅持對中國古典文學的熱愛，似乎有點奇怪。人們會說，為什麼不回國？國內的土壤對中文寫作和中國古典文學研究來說，更堅實肥沃。對這樣的問題，您會怎樣回答？

張宗子：剛來美國，如飢似渴地讀英文書，後來慢慢的，又轉回中國古典文學。若說喜愛，我非常喜愛西方文學，尤其是近代以來的小說和詩歌。但中國古典文學不僅是喜愛的問題，裡面還有情感因素。它親切，是血液裡的東西，像親人一樣的親密。中國古典文學不僅滿足了我智力上的閱讀需要，也滿足了我的情感需要。至於回國，那是很具體的生活問題，有實際的解決不了的困難。如果可能，我當然願意住在國內寫作。

子薑：您從寫作以來，是按照一定的寫作計劃寫的嗎？現在呢？有什麼計劃嗎？

張宗子：這些年來，都是業餘寫作，有時間就寫，想到什麼就寫什麼，基本是沒有計劃。出書也是如此。文章攢夠了，有十幾萬字了，就編成一本書。《書時光》是個例外，其中的主要文章，是給《萬象》雜誌寫的系列稿子，談中國古典小說。如果不是雜誌發生了變化，小說系列我還會寫下去的，可以單獨成一本書。這算是有點計劃。還有剛剛出版的《往書記》，體例比較整齊，是有計劃的。但即使這兩本書，計劃也比較寬泛，並不嚴格。

我心裡一直存著念頭，集中精力，寫一本關於莊子和一本關於唐詩的書，還想翻譯里爾克的詩。但這需要大量的，整塊的時間。一直沒有機會，平日的零散時間不適合專心就一個項目往深裡做，很累不說，還將被迫把其他的事全都放下。我做不到。所以，暫時也就不想這些事。如果退休後精力還好，到時再從頭做起吧。

子薑：您後來出的幾本散文隨筆集，都選自當初報社專欄寫的文章嗎？除了給《僑報》寫稿，還給別的報刊雜誌寫嗎？有從美國往國內報刊上繼續投稿嗎？

張宗子：不是。給《僑報》寫的專欄文章，只是我寫作的一部分。專欄字數有限制，只能發短文章，我的較長的文章都是在國內發表的。比如讀書隨筆之類，以前大多是在《萬象》、《書屋》以及《讀書》上發表的。散文主要在《散文》雜誌和其他一些報刊。我在《長江日報》上也有一個專欄。精力有限，國內還有報紙邀我開專欄，但我寫不出那麼多東西，只能推掉。

子薑：國內的報刊雜誌主動向您約稿是從什麼時候開始的？是在第一本書出版之前還是之後？

張宗子：大約是在第一本書出版之後。最初是那些發表過文章的報刊，編輯熟悉了我的風格，會不時問問有沒有新稿。這些年，散文隨筆圈子知道我的人越來越多，來約稿的也就多起來。

子薑：一些在海外的中文寫作者，由於各種原因，會在寫作中持有比較明顯的政治立場。您好像沒有。你的作品就是唯美唯智的嗎？

張宗子：對於政治，我有自己的看法，有明確的立場，但我現在不想多說。當然，我不覺得我自己是個很政治的人。一個人能做的事有限，每個人都有自己的本職工作。我的本職工作，也是我的強項，在中國文化領域。我把文化的傳承和發展看作神聖的、也是義不容辭的責任。這就是我在謀生之餘，在有限的時間和精力下所能做的事。我希望把這件事做好。

子薑：您對分享自己的作品怎麼看？有意識地想過擴大自己的讀者群嗎？現在移動平台和社交網絡方便了人與人之間的交流，也許對好的文學作品的傳播也會起促進作用，您想過好好利用這個條件來推廣自己的作品嗎？

張宗子：寫作者都希望得到更多的讀者。寫作就是為了給別人看的。在推銷自己的作品方面，我能做的事很少，比如各種關係，人脈，財力，還有時間，都極其有限。更重要的是，我不擅長這個。時間久了，也就習慣了。書印出來，文章發表出來，你喜歡，你就看，你就買，其他的，我無力操控。在海外寫作，和國內距離遠，要引起關注，更加困難。國內的年選，評論，評獎，你想擠進去的話，需要豐富的人脈，以及其他因素，這些，我都沒有。

我很感謝網絡的發達，我藉助博客，微博，微信，展示自己的作品，和讀者及朋友交流。我現在的讀者群，可以說，相當一部分是通過網絡建立起來的。一些報刊的編輯，也是通過網絡認識的。

子薑：我最感興趣的是，你這些年一直堅持寫作，而且寫作的內容都是非常富有中國古典底蘊的，不跟風，不媚俗，實在是難能可貴。尤其又是在遠離母語語境的北美堅持中文寫作，我想支撐你一直寫一直寫的是什麼呢？大概就是如你所說，在寫作的時候，你是自由快樂的。那種精神的自由與快樂，不是物慾橫流的世界上大多數人能體會和享受得到的。說到自由，我想，您來到美國，由於一些特殊原因未能如原來打算的那樣回國，是不是反而也給了你更多的寫作自由呢？回到中國，也許會有更多雜事事實干擾，反而靜不下心來讀寫呢？這裡想到一個問題，如果您想像一下當年如願回國了，你會回到原單位嗎？繼續做編輯？會不會有別樣的人生可能性？

張宗子：來美國的最大收穫，是對西方文化全方位的了解。不是文學或音樂或其他任何一個具體的領域，不是單純的閱讀或觀看，而是置身於它的大背景裡，體會，感受它的細節和氛圍。僅僅是閱讀或觀看，在國內現在也能滿足這個要求。但我當年的願望，非常簡單，就是讀那些在國內讀不到的書。還有音樂，我終生最愛的貝多芬，只能聽到他的交響曲，協奏曲，不多的鋼琴奏鳴曲，其他的我找不到。偉大的弦樂四重奏，全部鋼琴奏鳴曲，大提琴和小提琴奏鳴曲，都是來紐約才聽到的。至於紐約豐富多樣的畫展和音樂會，就更不用說了。

我抱著這樣簡單的願望出國，所得卻大大超出預期。在西方文化里滾了一圈之後，回頭再看本國時，就有了更深刻的理解。更重要的是，身在異國，你才知道，本國的文化是多麼親。來美十年後，我回頭再讀中國典籍，認知就遠非出國前可比了。由於是業餘閱讀，加上找書的不便，我的閱讀在量上可能不能和國內的專家學者比，但在理解上，我有自己的所長，在這一點上，我不會妄自菲薄。

之所以希望回國，原因之一是生活壓力相對小些，寫作足夠應付日常生活，而在美國寫作所得幾乎等於沒有。擺脫坐班，當然就能做更多事。其次，是找書找資料方便。我的關注在中国古典文學，國外的資料太少了。第三，國內有更多同行可交流。

對我來說，最大的自由是時間的自由。這是我目前受到的最大限制。好多時候，比如在早晨的閱讀中，突然想起一個問題，多年的思索瞬間貫通，這時候，如果坐下來，一個上午，一篇文章就寫出來了。但實際情形是，時間到了，該上班了。一天忙下來，靈感慢慢淡漠，回到家，就沒法寫了。很很多很好的想法就這樣中道夭折了。

除了時間，別的我不擔心。作品不必爭一時之長短，你做了事，事情在那裡，如果它很好，後人總會珍惜它。好的東西不會被埋沒，我對自己有信心。

回過頭再說八十年代末。如果那時後回到原單位，我不能預料結果會如何，但有一點可以肯定：我會一如既往地閱讀和寫作。這一點絕對不會變。我是一個不太會被環境或時尚影響的人。我對自己要做什麼，能做什麼，都清楚得很。

2016年5月12日

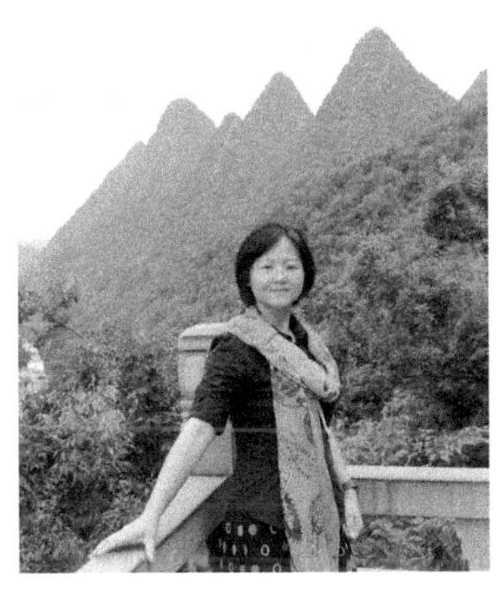

子薑

本名為楊蓉，畢業於北京大學政治學與行政管理系，曾在《今日中國》雜誌社任職，赴美後獲德州州立大學（聖馬科斯）計算機科學碩士學位，多年來先後在摩托羅拉、IBM、萬機儀器等公司任系統軟件工程師，現閒居，在家讀書寫作。

啞　謎

陽光燦爛的日子裡
唱歌
吹口哨
說俏皮話
讓他們聽到

風吹盪著雲
雲在天上飄

太陽被浮雲遮蔽
一道布簾傾天垂下
他們呀，倏然不見踪跡
剩下你
在簾那邊，默無聲息

所有的聲響凝固了
一隻蝴蝶飛起來
拍著翅膀
掀起靜音的光與影
如幻似真，飄忽不定

風吹盪著雲
雲在天上飄
你在簾那邊，默無聲息

我胸中湧動著
無盡的喃喃話語
發不出來的聲音
匯聚成溪
柔和顏色的水溪
光影交織的水溪

風吹盪著雲
雲在天上飄
沒有歌沒有俏皮話的日子裡
我對簾那邊的你
打著啞謎

2017年08月27日

時　間

雲飄，風過
樹葉婆娑
在被輕輕揚起
層層翻捲的塵土中
顫動著
卑微的草尖

一切形式的動
最輕微最細小的動
漸漸艱澀
慢慢停滯
被凝固的瞬間
彷彿鏡頭被定格
似一幀泛黃的黑白照片

我站在這相片跟前
不！
我站在這相片裡面
靜止中
聽見時間的刀片
一刀一刀
鋒利地割著
我的眼，我的耳
我的嘴唇，我的額頭
我的寸寸肌膚
我的鼻顛

寂靜
巨大的無邊的寂靜
時間在尖叫
心在滴血

2015年11月12日

夢　境

深沉的夜
迴廊一般蜿蜒
迷霧繾綣的夢境
從淺灰開始
漸次聚攏
化不開的濃黑

我站上台階
伸手欲扣
那迷霧之門
“進去吧！　進去”
一個聲音在輕喚
“從濃黑的迴廊深處
會走出一位
舉燈的人”

2016年6月5日

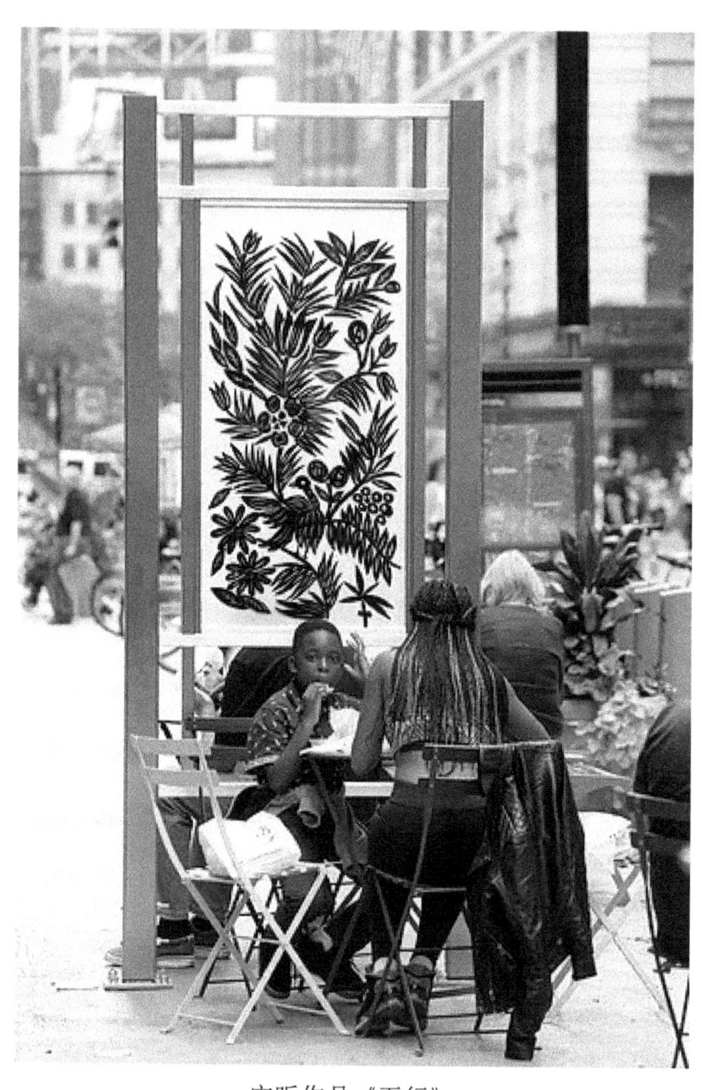

宋昕作品《五行》

曼哈顿百老匯大道廣場

2013年

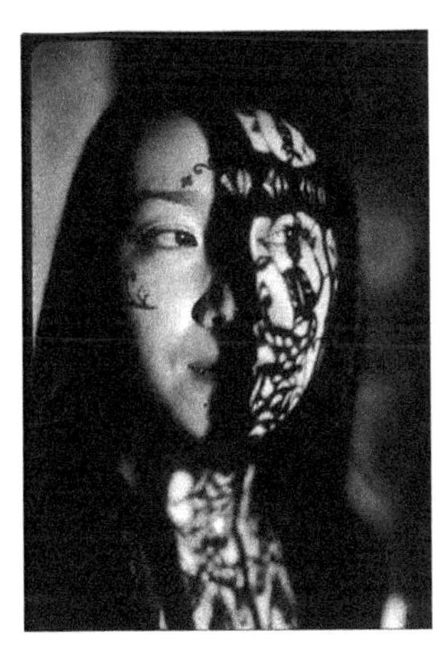

宋昕

生於北京，融合中國剪紙技法做當代理念的剪紙。宋昕將傳統剪紙藝術升級，綜合使用攝影，雜誌，聚酯薄膜，宣紙和其他紙張，她慣常在公共空間和特定場地進行特定裝置，併其以使用懸垂，懸掛，玻璃層壓主題多樣而聞名。她的高度多樣化的主題範圍從嬌柔的花卉圖案和城市掠影反映她長期在紐約生活的寫照。她曾與曼哈頓區服裝中心藝術委員會合作，裝置“五行”擺放在百老匯大道時代廣場公共空間。還有位於布魯克林的D線的BayParkway的永久裝置作品：“生命之樹“，以及由MTA頒發的大中央車站百週年慶典的：“時光”。在布魯克林Ps170k公立學校大堂的大型永久裝置也是她近年完成的永久裝置作品。獲得多項獎項和獎金的同時，她的作品也在國際博物館，商業畫廊和替代空間展出。最近的展覽包括：2017年威尼斯雙年展，新澤西州Noyes藝術博物館，史泰登島博物館，巴黎盧浮宮博物館2014，中國美術館2013，2012年紐約熨斗大廈的藝術空間。

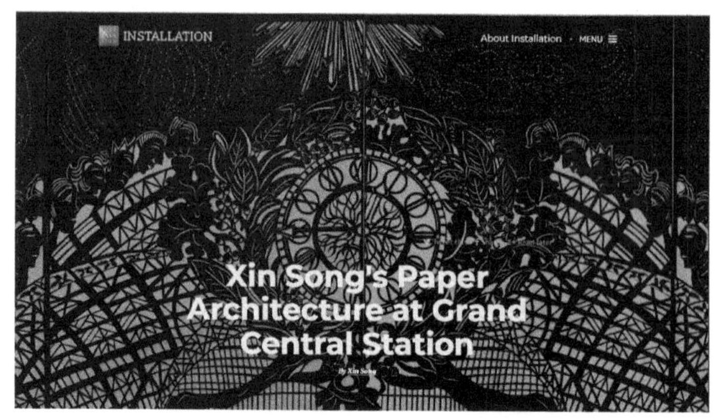

宋昕在中央車站的紙質建築

宋昕

宋昕應大都會運輸局（MTA） 的邀請參加他們為紐約中央車站舉辦的一百週年紀念盛舉，”在紙上“ 中央車站百年紀念。宋昕是應邀在2014年9月在車站底層燈箱展出作品的四位國際剪紙藝術家之一。

眾所周知，中央車站具有不朽的歷史，每一項設計都代表一件受當時藝術家啓發的雕塑。作爲開始，我訪問了紐約公共圖書館以及MTA運輸博物館，也讀了很多文章，並研究了很多黑白老照片。

我去了幾次中央車站，走著或坐著拍了許多照片。我看著來往的行人、頭頂的大鉀、神奇的天空、閃亮的吊燈、巨大的鐵窗、以及羅馬式浮雕。當我在工作室裏看照片時，我的思緒逐漸形成，我開始畫出初步素描。

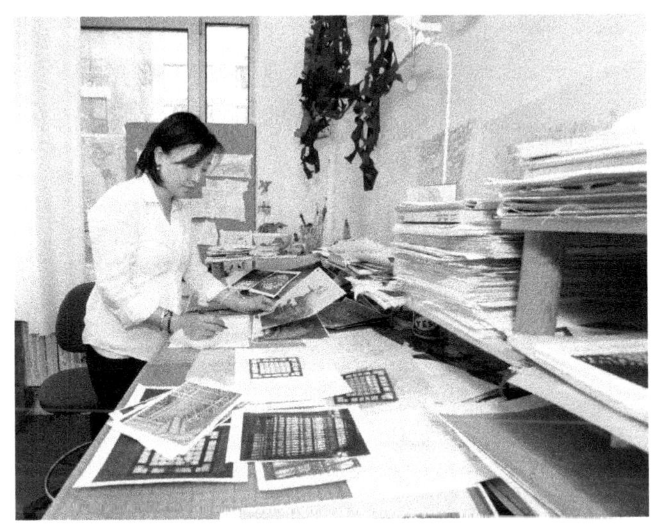

宋昕在她的工作室（攝影：李堅能）

經過畫幾個小草圖，我圖像的中心成爲一個大鈡，兩邊裝飾著羅馬式圖案和浮雕。在頂端，繁星的閃爍結合從燈箱後面射出的燈光為旅客們創造了一種夢境。通過組織安排，綫條設計逐步形成了最終的成品。經過三個星期的工作，我終於完成了四幅創作。儘管燈箱位置是不連接的，我還是希望把四個燈箱連接起來成為一組，使用屏幕格式來突出代表的四個符號：時間、光、大門、大鐘。

時間：時間非常重要，當我們忙碌地度過每一

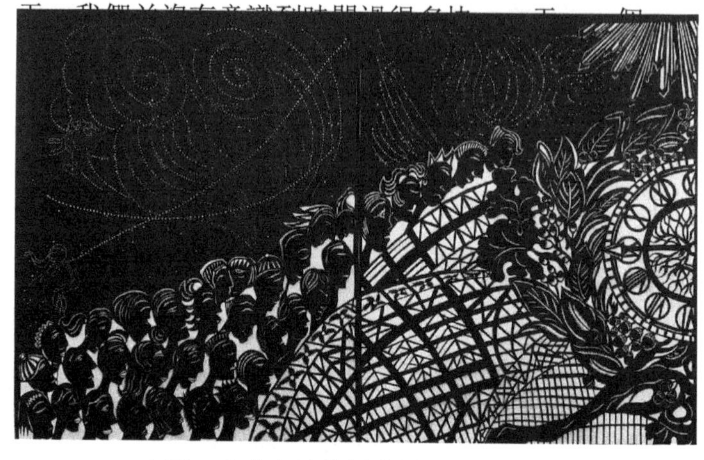

宋昕，中央车站剪纸装置（局部）
2013年（摄影：李坚能）

月、一年,一生。

大門：門窗纏繞橡樹和橡子的花紋，以羅馬旅行之神（守護之神）的背後通過智慧女神代表的力量，其細節也代表了範德比特家族的座右銘：“巨大的橡樹均由微小的橡子長成。”作品中繁茂的橡子和橡樹葉交織著一個代表運輸的長著翅膀的巨輪，不斷的滾動向前。

大鐘：中央車站的大鐘，在羅馬眾神簇擁下，形成了一件永恆的作品。大鐘的嘀嗒聲就像這個終點車站的鈴聲不斷地爲人們報時敲動每個人的心。

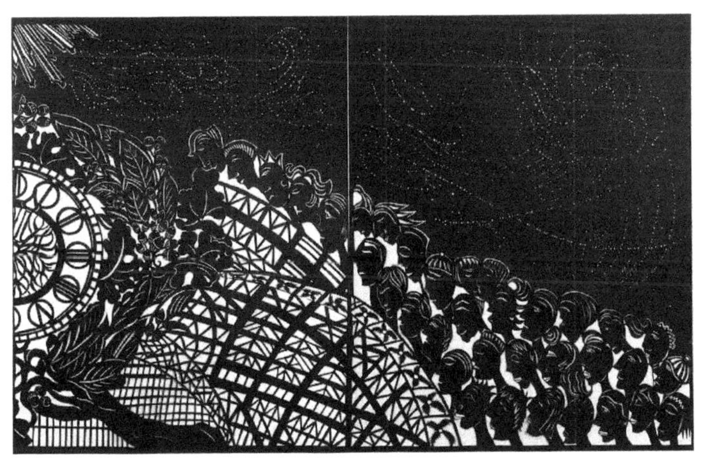

宋昕，中央车站剪纸装置（局部）

2013年（摄影：李坚能）

光線：陽光和白熾燈光的各種變化使我想起19世紀紐約鉄業的崛起。使用黑紙質是一種快樂的巧合！

谢榕津

译自Installation Magazine

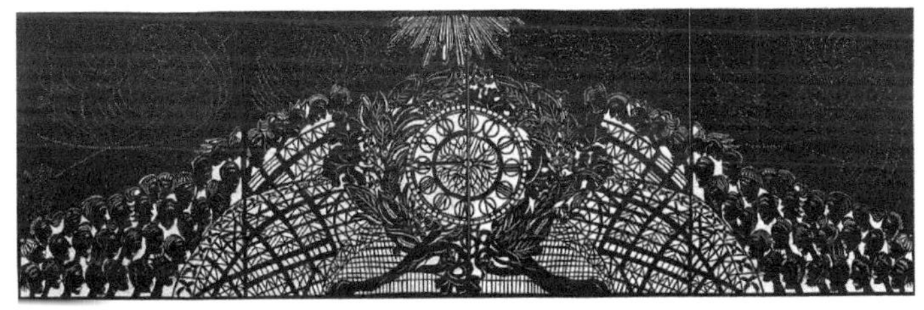

宋昕，中央车站剪纸装置（局部）

2013年（摄影：李坚能）

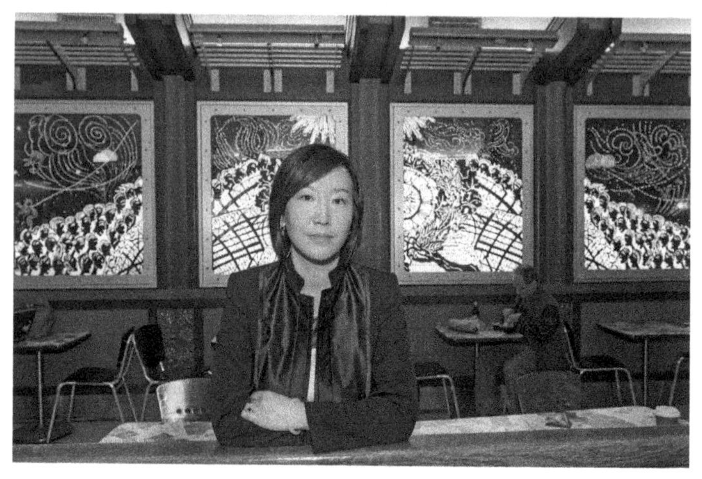

宋昕在中央车站她的剪纸装置前

2013年

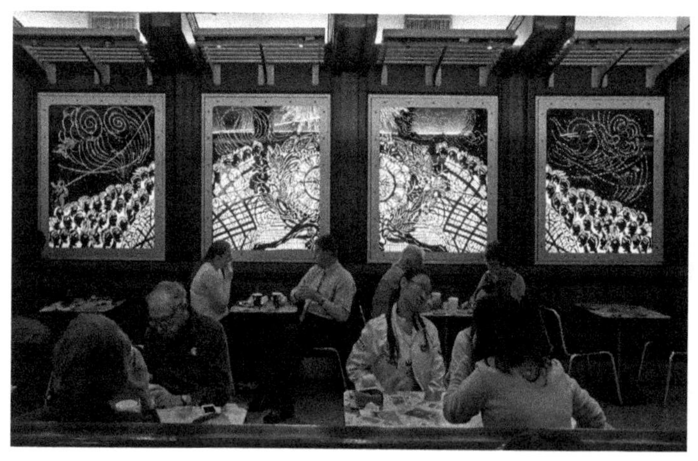

宋昕在中央车站的剪纸装置

2013年

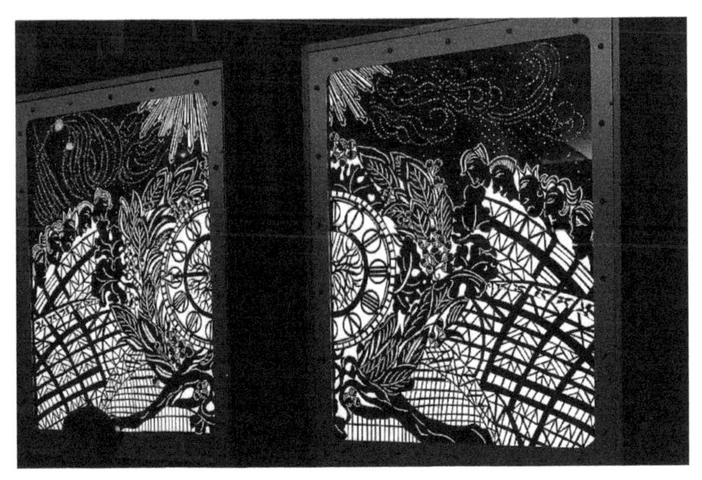

宋昕在中央车站的剪纸装置（局部）

2013年

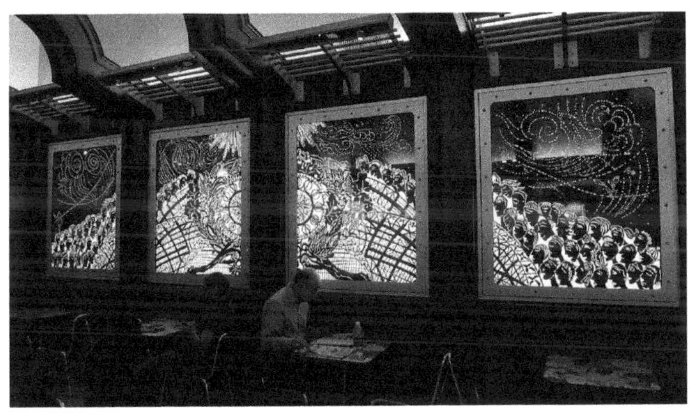

宋昕在中央车站的剪纸装置（局部）

2013年

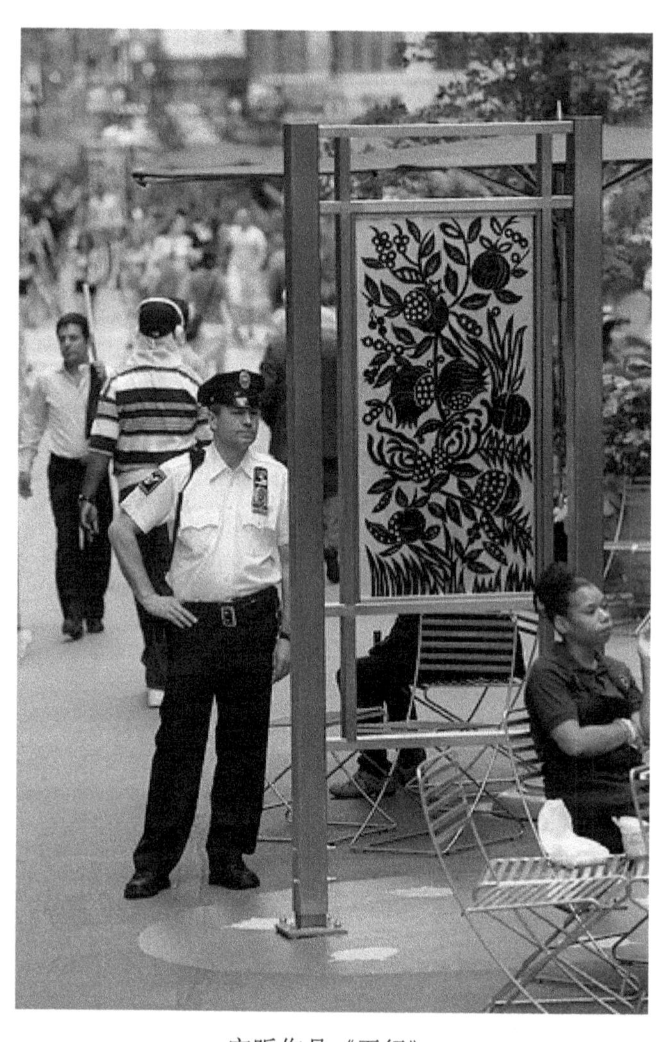

宋昕作品《五行》

曼哈顿百老匯大道廣場

2013年

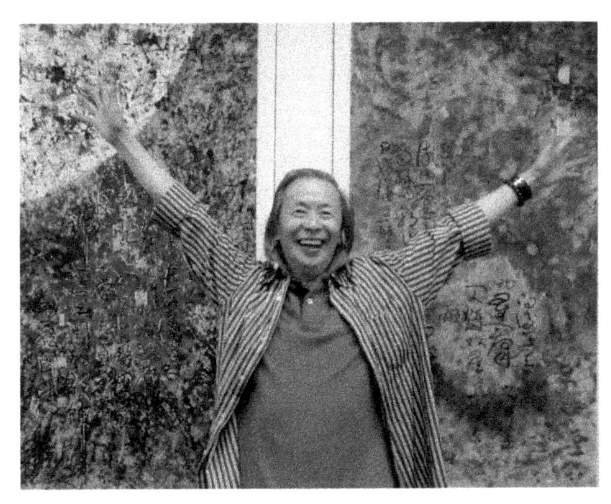

黄翔

詩人、作家、書畫藝術家。1997年以來旅居美國，生平被拍成多部中、英文電視、電影專題紀錄片。生平事迹分别被写入中、英文的中华人民共和国史和当代文学史教程。作品入选中国多种百年文学经典选本。2004年被選為美國賓夕法利亞州匹茲堡市駐市作家，匹茲堡市長湯姆•莫斐（Tom Murphy）發表公告，宣佈2004年11月21日為“黃翔日”（Huang Xiang Day）。兩次獲美國赫爾曼•哈默特（Hellman-Hammett）言論自由作家獎。在海外出版詩歌、散文、小說、文論、詩化哲學等種類著作30餘部，並被翻譯成多種語言出版，選為大學高等研究教科書。藝術作品在歐美展出並被政府機構、組織和個人收藏。國內外學者、作家發表和出版黃翔研究論文、回憶錄、傳記、評傳無數。

起 源

茫茫身軀

仰天裂開
“謎”的嘴唇
人形的天體和大地
分開
兩片沈默

無有
無無

黑暗滾滾而來

1985年8月8日

布 景

太陽烤幹
風吹蝕
第一株高絲蘭開放
支撐起
波紋粗大的空漠
孤寂的
熱情

粗岩

千瘡百孔的時間
遺像
矗立

1985年8月8日

沙 籟

孤石如磬。砂丘如龜。太陽之杯傾盡。天地猝然睜開盲目。陰影之席覆蓋無人之境。

砂石圍繞孤立的巨岩堆積起洶湧的金黃的荒涼。

風吹襲著。

背風和向風的岩石

一側展開長長的沙坡的新月，

一側收攏陡崖禿鷲的雙翅。

1985年8月10日

石 幕

我從我

跨出一步

看出

這裏

石頭的聚居地

聚居的
不是
石頭

它們每一顆都是
黑頭鷗
繞著轉動的太陽轉動的
黑頭鷗

每一顆石頭移動的
點
都是太陽移動的
點
每一顆石頭都
收攏
迴響星光的
宇宙

我俯身下去
已近一生邊緣
祇隔我僅僅
一步
就是一道目光的
巨人的漆黑的
石
幕

這幕的那面
我好象見過

石頭的聚居地
一隻一隻黑頭鷗的
石頭

轉

動

在

我的目光的
幕後

1985年8月1日

詩獸黃翔

冰寒

詩人黃翔和他的詩歌，在秋色最濃的一日，與法拉盛讀者共度時光。黃翔詩歌全集電子版，由法拉盛民間的華語世界出版社出版，並在法拉盛圖書館發布，具有歷史意義：詩人黃翔的聲音和他的詩行旋律，從中國內地、北京長安大街，流傳到了新天地——法拉盛。法拉盛具備了人類遷移、流散的權利和自由的精神；選擇向外、向陌生的希望之地移動的人，是勇者，比守成於一地而終老，更具備現代精神；歷史的和當代的法拉盛，皆說明了一種可能，即困於身體牢籠，為思維枷鎖拘束的人，能夠在一個開放和尊重人的地方，獲得新生。

黃翔的詩歌令我們感受了三千多年前中國古人的論述：「詩者，志之所之也。在心為志，發言為詩，……情發於聲；聲成文，謂之音。」中國詩歌民間性、歌詠性的特徵，也是黃翔詩歌的精髓。雖然如今漢語詩歌正朝向多元風格猛進、精進，新詩作品如潮水般進退，黃翔的詩依舊獨具一格，永遠站在最新潮和最傳統的潮頭。

黃翔通過詩歌，不屈不饒地追求自由，哪怕付出失去自由的代價，也絕不妥協；真理的光輝，通過行動式的歌詠，立體寫作，聲光畫影，一一呈現，令人動容。這種精神，代表了屈原以來中國文人的傳統。他的代表作「野獸」是驚天動地的吶喊，是發乎人性最深處的吼聲，是震破籠罩的天籟之音；充滿血淚，卻絕不甘於權威和壓迫。黃翔是一個人文流散者，流浪詩人。他曾經對我哀嘆：我是一個老人了，為什麼不讓我回去？這不得不令我想到顛沛流離的詩聖杜甫。讀了黃翔，再誦杜甫詩，乃心有慼慼焉。好在，故鄉隨著我們的文字而走；故土雖然長存我心，卻難以再是劫持我們詩心的一具囚車。黃翔的詩歌窮極宇宙八荒，他的想像力和創造力，出於內心的張力和自由節奏，具有掙脫鐵鍊綑綁的鏗鏘之樂。他有李白的雄邁和豪邁奔放之氣，也有李賀驚天地泣鬼神的奇麗和神通。對於一個偉大的詩人而言，文字實在是過於理性了。我想，這也是他傾心色彩、筆墨和音樂的一個原因吧！

認識黃翔，閱讀黃翔，傾聽黃翔，令我有風雨欲來、山崩地裂之感，經歷驚心動魄的靈魂洗禮。書會和朗誦結束，黃翔的氣韻依舊充盈，有繞樑不絕之感。乃一氣呵成作五古，作為紀念：

詩鬼李長吉，太白盛唐仙。雄偉多瑰麗，浩蕩歷千年。此後狂放誰？黃翔歌詠癲。魔獸吼牢籠，吶喊震陰間。大音歌詠疾，咆哮死復還。七旬拒稱翁，洪荒宇宙攬。頓足顫舞蹈，炯目燃九天。怒髮一雄獅，悲情百滴穿。勝邪昂空鳴，魚藏伏地喘。離散何須悔，金光雷鼓喧。文心遊巨龍，世紀再屈原。

轉色狂飛墨，悟聲靜撥弦。顛沛無久居，風侵賴雨蘭。瞻思杜少陵，故土絕重返。楚黔並花旗，始終得圓滿。幸哉法拉盛，望道尚詩言。

2017年11月26日

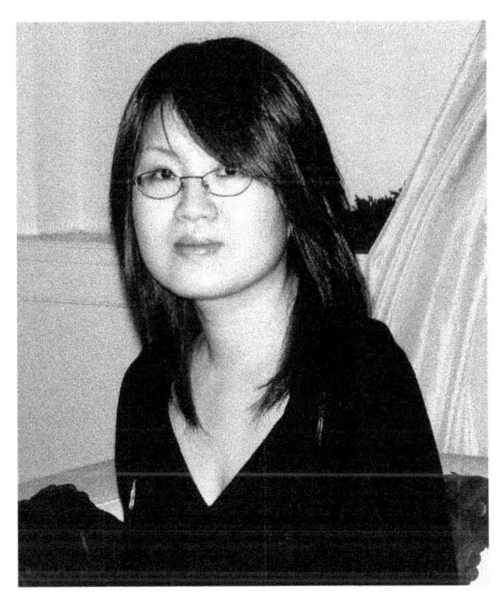

冰果

美國華文女詩人。作品散見《詩刊》《創世紀》《香港文學》《華夏詩報》等文學刊物，多首作品收錄於《中國新歸來詩人》《天那邊的笛聲》。第25屆《漢新文學獎》新詩組一等獎獲得者。

秋　分

秋分這天
我開始重讀《沙與沫》
我盡量讀得快一些
希望在天黑之前
能和先知的精神世界
擦出一點火花
再用火花
燃一支蠟燭
靠它的光亮
讀完那一堆
大白菜一樣
買來越冬的
書

2017年9月23日

灰　色

我試圖 undo 你的印象
用了各類橡皮
反復擦拭
都無法徹底抹去
你的痕跡

當初畫你的時候
我用了芯質太硬的鉛筆
可能是最高級的HB
你那淺灰色的陰影
像貓科動物銳利的爪痕
斜斜地、密密地
一排排落在記憶裡
任憑
日曬雨淋
固執地
不肯褪去

2017年1月14日

毒蘑菇

嚮導
是密林中的精靈

我們在雨裡
沿著長滿苔蘚的石階攀行
路過：
瀑布、蕨類植物
蜘蛛、山花、躺倒的老松樹

終於發現
幾朵毒蘑菇
我們決定
把這些妖艷可人的危險品
命名為 “愛情”

2017年9月3日

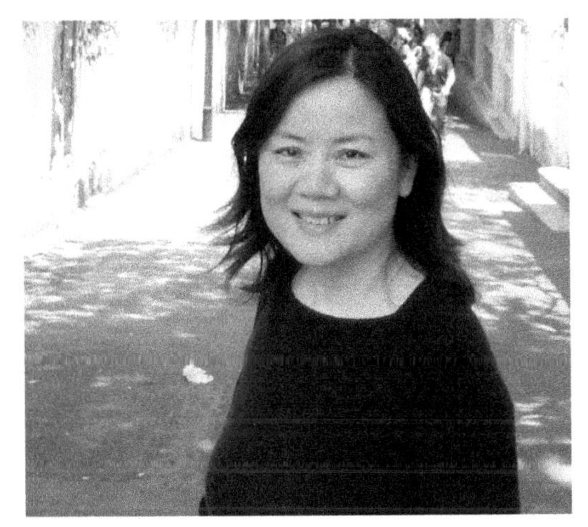

曹莉

筆名海鴻、五樂孤鴻，紐約資深財經記者。現代詩作散見美國《新大陸》《新世紀詩報》等出版物。多首古體詩被收入美國出版的《詩夜星遊集》。她也創作雙語詩與不同文化背景讀者分享思想和漢語的美妙。

長相思

（一）

彎月明，滿月明，
玉鏡千年人寄情，
一輪同古今。

雲影清，樹影清，
靜夜詩詞獨自吟，
遠鄉誰在聽？

（二）

人未眠，月未眠，
歲又中秋望鏡圓，
寒宮孤影憐。

今難全，古難全，
人事從來多憾缺，
家國難兩抉。

火球與月光
——北島印象

那時的青春
在荒野裡游盪
紅旗遍插
卻在縫隙中尋找
傳說中的航向
直到
陽光烙過的文字
烤熱空薄的胸膛

今人的心房
已高燒難耐
那團炙熱的火球
卻淬煉成銀輪
在聚光燈關閉後
悄然滑落

灼眼的光芒
冷卻成清輝
無聲流淌
衝淘靈魂的喧囂
沉澱歲月的分量
無繩的路燈

安靜陪伴
趕路人的匆忙

注：2017年10月3日在紐約亞洲協會北島討論會第一次見到中國詩壇前輩有感。

自由女神

她立在水中
天的那個著陸點
是為了舉起手中的火炬
引爆天雷
燃燒穹宇
用自由之焰
點亮
眼中希望无数

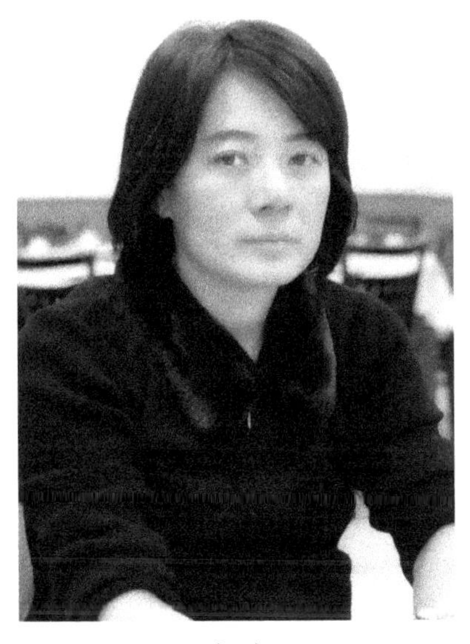

凌嵐

本名謝凌嵐，1991年畢業於北京大學中國語言文學系文學專業，1997年於紐約市立大學商學院獲MBA學位。2015年起在美東《僑報》、騰訊•大家開設專欄至今，2017年開始為《花城》雜誌寫“域外視角”專欄。榮獲2016年度騰訊騰訊•大家“年度作家”獎；出版翻譯作品《普拉斯書信集》。

海明威故居口占

如果風可以留下
當年的靈感
酒醉後的絮叨
清晨後我們就能看見
海中歸來者
拖著馬林魚的骨架
蹣跚走進黑暗的內心
海流中的島嶼
不會被雙管獵槍擊中
在流動巴黎的燈影和麗人之間
拉丁區沿街叫賣羊年的笛聲
還鄉的鬼盤桓不前

在愛情中寫作，在愛情后誕生
每一次你都彈無虛發
包括留給自己的那一顆
血脈相傳的才華
和瘋狂一樣多
如影隨形

最後你被那個影子追上
命運也是你的讀者
在故事空白處留下批語
最後搶先寫下結局

釣魚，打獵，風流成性
熟讀詩篇後痛飲酒
滿月後舉槍擊中一隻隻野鴨
另一個你忽然轉身，嚎啕大哭
電擊後的記憶，被鯊魚圍攻
在字句的海裡
你偶有片刻的浮起，喘息
然後勝利把你咬碎
沒有人相信，你是海明威

你說，寫作者必須麵對永恆
當置身永恆中
請告訴我，你看見了什麼

我喜愛的

我喜愛的哀愁
沒有結尾的故事，空置的桌子
秋陰不散的下午，欲言又止
沒有目的的長長的散步
比如你指間明滅不定的煙
比如鴻雁的翅膀
在林間響起書頁翻動的聲音

有些雨永遠不會落下
有些細語永遠沒有回應
它們只在夜空飛散
化成看不見的彩虹

我喜愛的哀愁
比如G弦上一個音符
比如一封不發出的信
化蝶之前遭遇火山
斷橋上的期待，永遠是雨天
白蛇在大水中退下
法海是鹽柱
索多瑪的罪人
相擁而眠

我喜愛你如期而至
永遠在將醒未醒的一刻
悄然造訪
留下天邊殘月
惘然夢醒

飲泣如綠葉遍地

飲泣如綠葉遍地陽光燦爛樹影重重
老友歡聚重逢，舊話綿綿
唯有時間缺席，化外的夏天永駐不去
照片作紙錢，祝頌和禱告香煙延續
你的一生是白日焰火啊
傳到我手裡只有一根紅線

兒孫滿堂4歲的男孩兒去追蜻蜓
踏遍青苔走不到你的門前
倒下是安息，化煙是福份
爆竹被禁止，異國異鄉被擋在紅布之外
你其實想再多過一天
無常駕車從沒有延誤
他說上車吧，車資全免

綠色的極光，頻道和電波上穿越
我們展翅飛回來
暮色裡歸鴉化成你的背影
每走近一步，你呼吸一次
回頭的路要等二十年
西紅柿別忘記澆水，青藤已經爬滿你的關節
那一天蘇南都在下雪

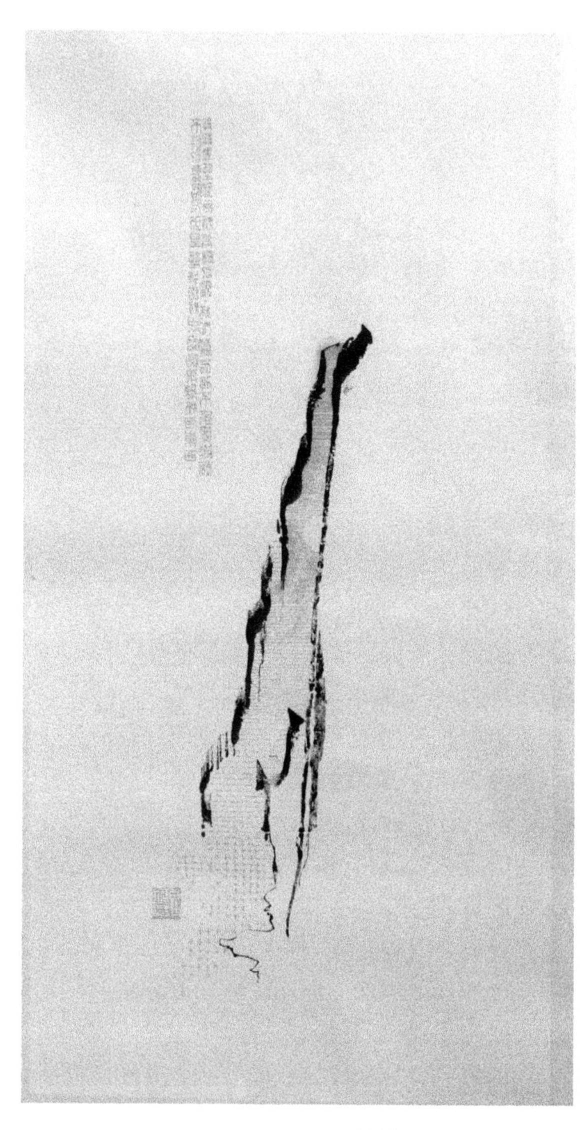

Everest Strayer 作品
新水墨（局部） 2017年

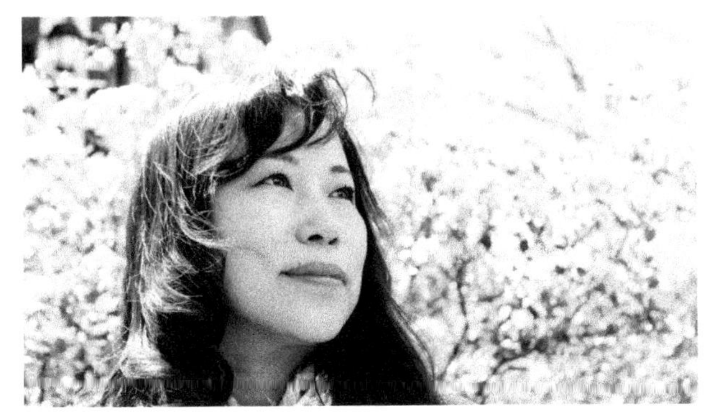

胡桃

笔名纽约桃花，曾用筆名松竹梅、妮婭。北京人，祖籍上海，現居紐約。曾任中央電視台教育部編導、美國CBS電視台製片翻譯、美國MTV音樂電視製台製作人。曾在新浪讀書、百度讀書等網絡文学發表了《北京往事如塵》《愛如桃花》等中長篇小說。詩歌、散文、人物傳記文章發表於美東《僑報》《世界日報》、台灣《傳記文學》等報紙雜誌。 曾出版散文隨筆合集《生活，還不錯》，2017年出版傳記文學《上海浮生若夢》。

时光千年

——紀念海子

今天的日子有點涼
時光的手臂，忽然
變得纖細而悠長。
如同，被撫摸過的色彩
細碎地，流過指尖的，
除了教堂穿越的鐘聲，
還有思緒的盲目飄蕩。

光影斜倚在我的天窗，
翠葉粉桃的明媚
在歲月的犄角錯落
彷彿，那漫無邊際的人生
某個記憶的輕吟淺唱，
塗抹出遠天，
一片橘色的迷惘。
背陰中的白蘭花，
怠倦地，彷彿永遠不再綻放。

那個春暖花開的詩人，
今天的祭日有點涼。

面朝大海的歲月，
以夢為馬的時光，
有多少人明白，
那無可奈何的惆悵，
那碧血黃花的淒涼？

千百年的輪迴，
終於等到再生的時窗，
而祖國的彼岸，
思想的沙漠，卻如此荒涼
宛若，時光墜落時的徬徨。
記得你的永遠記得，
而不記得的，早已是物質的奴隸
如同今天的日子，
有點落寞，有點淒楚，有點涼。

2012年4月紐約

在玉蘭樹下望北
——紀念父親

在玉蘭樹下望北，
日如逝風，
夜如靜水。
粉霧般綻放的，
你被時光滄桑的容顏，
我被陰陽永隔的傷悲。
不曾泯滅的是懷念，
是燦爛下的感花濺淚。

在玉蘭樹下望北，
時光荏苒。
歲月碧翠。
紫雨般瀰漫的，
你漸行漸遠的回眸遠望，
我心底雕刻你的上善若水。
曾愛的已不再擁有，
擁有的已成記憶不褪。

在玉蘭樹下望北，
滄海桑田，
物是人非。

北方的京城已成殘磚碎瓦，
宛若時光倒流的鶯歌燕語。
而不變的是夢中玉蘭，
關於往昔、關於你的釋放，
綻放每一春初花的迷醉。

在夜的深處想你

在夜的深處想你
月影翩躚 風輕水幽
織染你笑意隱約
瀰漫我時過境遷
闌干斜倚的愁緒
秋水望斷的傷憂
如近水
如遠月
層層漫沁記憶的浮船

歲月如遠航的雁陣
南飛點點 過眼雲煙
籠不完殘霧的漂泊
罩不住夕陽的遠帆

如近路
如遠山
絲絲編織往事的纏綿

舊日書卷凋零
曉月殘夢悠遠
風舞清幽 水映夢幻
回憶如鏡頭的閃光
輝映你深藏的臉龐
嘆一曲
天涯何尋斷腸人
空把闌干拍遍

2012年4月紐約

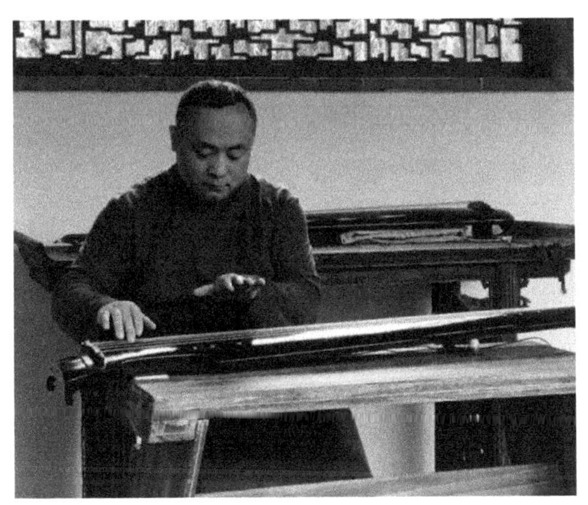

葛文潮

網名紐約公爵。紐約七堂堂主，紐約古琴研究會副會長。獲第一屆紐約民樂國際比賽成人組古琴銀獎，第三屆紐約民樂國際比賽業餘成人組洞簫金獎。散文被收入《讀者》《青年文摘》《上海采風》。《食品與生活》特約撰稿人。

白果樹

門前有一白果樹
樹下有一人行道
人行道上跌滿了白果的殘骸
路人踐踏後崩裂的漿液
血染了一地

白果落地前
金黃的杏葉
掩沒了腳踵
今年突來的一陣兇風
絞殺了無數尚綠的杏葉

今天走過白果樹下
腳下白茫茫的一片
不再有白果的殘骸
連血跡都不曾留下一點

高聳的白果樹
只剩下了枯枝
樹葉　不見一片
冬　真的到了
秋　轉眼不見

2017年11月19日

記最後之稽古

兩雀啼梅林文堂，一爐沸水上林茶。
先為飲客品糯餅，繼作亭主折袱紗。
入門年餘興未盡，出師日長懶猜查。
康雅高誼生難忘，此去快晴心永華。

梅を鳴らす二匹雀林文堂の畫
湯を沸かし一つ爐上林のお茶
まず客をして雑煮を品味、
続 き亭主ニなってふかさを折り
入門して一年餘り未だ興味を持ていて
できる日まであまり長くて思いたくない
宗雅康夫両先生の情を忘れ難い
これから日本に帰りいつも天気が良くてこころ
華やかで。

注：今天最後一次稽古，掛的是林文堂的畫，兩隻麻雀在梅花叢中。據康夫先生講，日本畫的傳統中畫梅一定要配鶯，配雀是打破了常規。又說他受到國畫的影響。查了下畫過兩雀梅圖有謝稚柳和陳映秋，莫不是受這兩位影響。上林茶是老師茶會上常用的茶，確實無論在茶香和口味上都要遠勝這裡賣的前田園抹茶粉。2015年10月拜老師門下學茶道，至今也一年多，拿了入門的資格，老師因病要回國治療，可能茶道也就此中斷了。老師叫宗

雅，她先生叫康夫，都待人至誠，先生康夫有非常深的教養，經常在茶餘一起談些文史，我也盡我所知解答一些中國詩畫的疑問，還拿了琴特地去他們家，彈給他們聽，讓喜愛王維的康夫先生感慨了很久，終於聽到詩詞裡常提到的琴音了。

糯餅：日本年糕，常和紅豆煮在一起。

袱紗：茶道用的綢緞小巾，既是職務的象徵，也用來擦茶具。

2017年2月19日

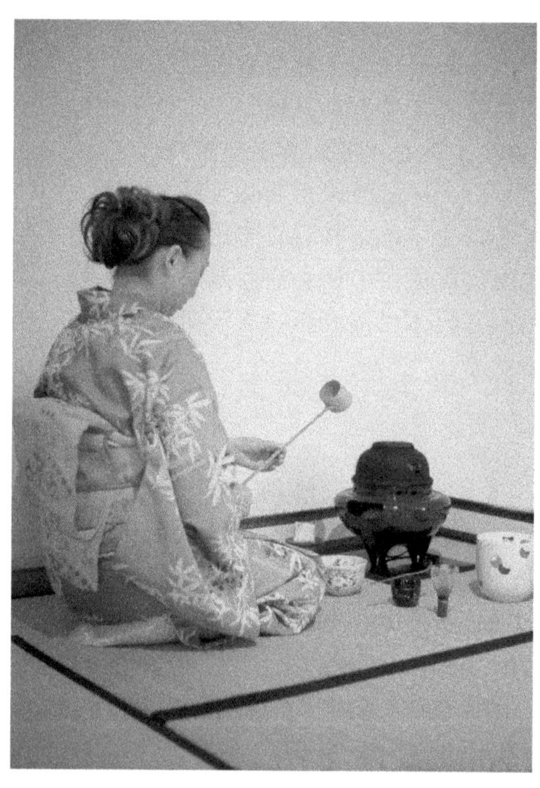

摄影： 劉唄寧

沁園春 初冬雅集
平水韻

雅集初冬，感覺七堂，日暮還寒。聞茶香琴韻，簫聲切切，花開墨意，指下漫漫。華道池坊，千家正朔，靜寂清和相遇歡。細觀處，見禪風東漸，往事千端。

斯時眾客皆安，凝心神，且隨情去寬。聽關山明月，鄉愁難遣，大江流水，浩氣雲幹。瀧落悠長，浮沉本手，一二三徘徊不前。尺八調，訴魂歸空渺，身處蓮壇。

注：雅集初冬本次活動名。感覺七堂，七堂和感覺瑜伽藝術學院合辦。日暮天色晚，雅集在7:45分開始。花開墨意指花道和國畫作品展，華道池坊與千家正朔指花道茶道流派，表千家是千家茶道本家，兩者都源自佛寺，是禪宗傳到日本時從中國帶去的。關山月，流水，瀧落，本手，一二三都是雅集上演奏的曲目。

2017年12月3日

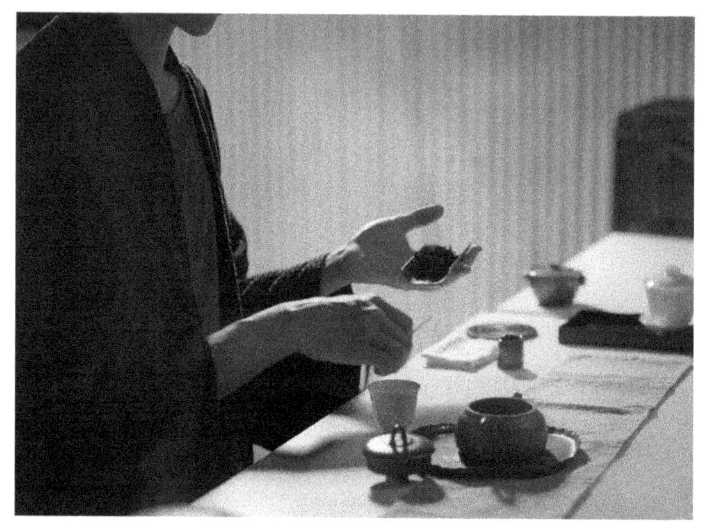

攝影： 劉唄寧

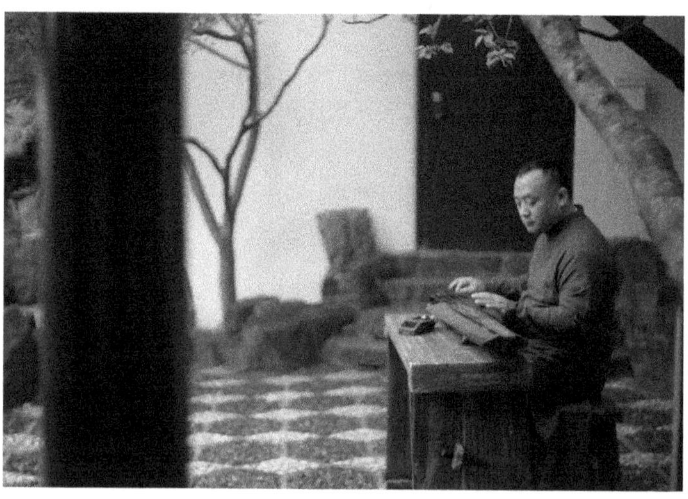

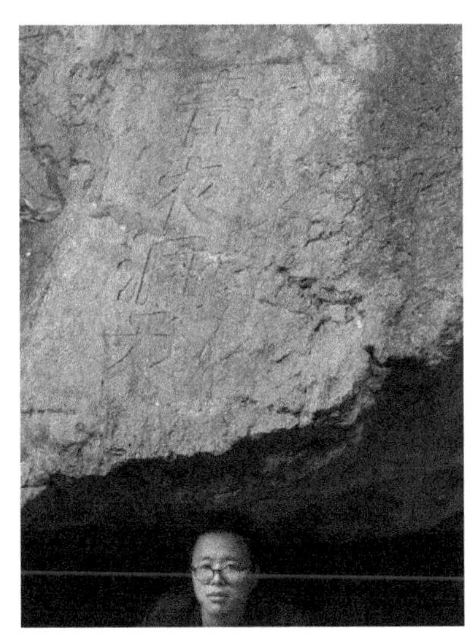

劉唄寧

劉唄寧，1991年出生于杭州，藝術家、茶人及茶器製作者。先後於杭州中國美術學院及紐約Pratt藝術學院。擅長製作繪畫及影像裝置，慣用紙張、陶土、金屬等媒材。作品曾被中國美術學院美術館收藏，並曾參與中國第十二屆全國美展、義大利第十屆佛羅倫薩當代藝術雙年展、2016年集美X阿德勒國際攝影展等。目前在經營推廣中式生活方式及審美的琴茶體驗館「七堂.生活實驗室」並主持茶課。

自题画诗

其一

講得那個一點：
尋隱者的要旨在於不遇，
而有此心之後桃源徑当然關閉。
說兩個關於繪畫的秘密吧：
桃花不紅的地方人面才紅。
但凡偷偷獨行處，隨時是森然夜山中。

其二

越來越關心植物
它既不像飛鳥，也不是石頭
說不清是死的還是活的
與土地最緊密
卻又和塵世最無關
也有可能
軀體就像是立著的電話亭
已然通過某種汁液一樣隱秘的口令
撥號到一處飛翔的世界

這裡只剩下：
食用思想的凡人
或者是
三拍子律動的視線
一廂情願的觀看之眼有時也會開花

而花朵——作為有慾的葉子
是一種數著期限的等待

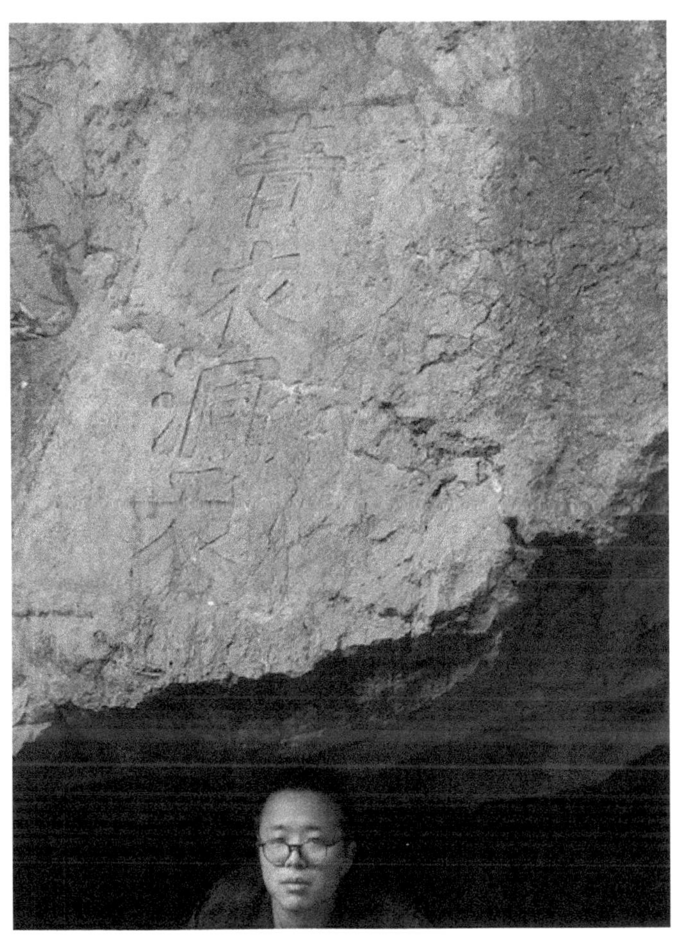

劉唄寧
刘呗宁摄影

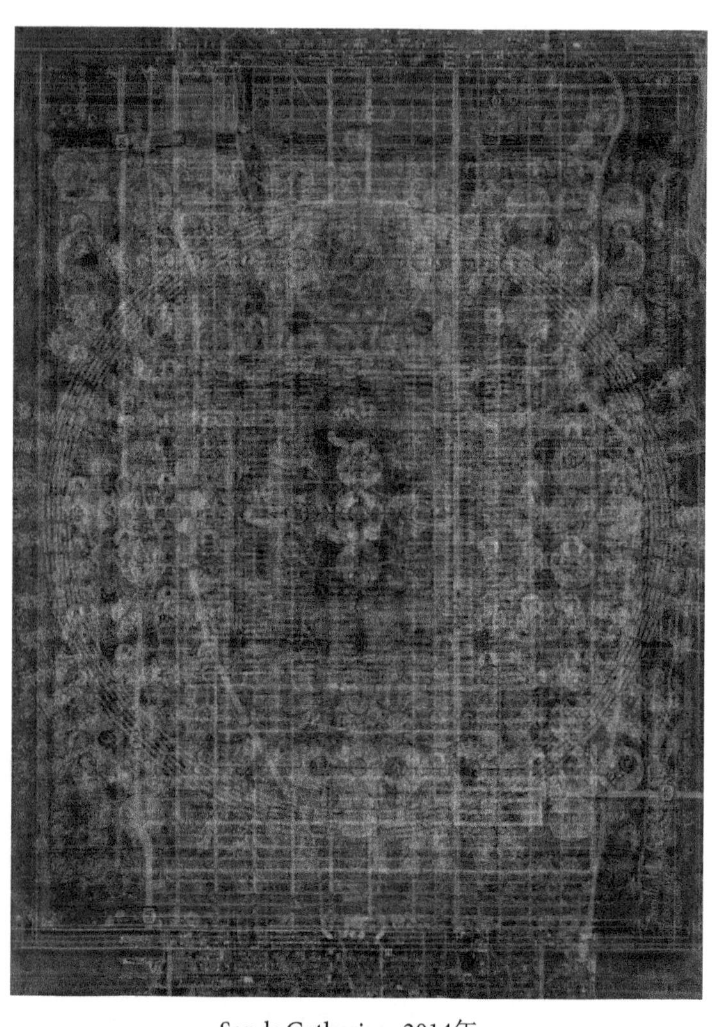

Sands Gathering, 2014年

劉唄寧

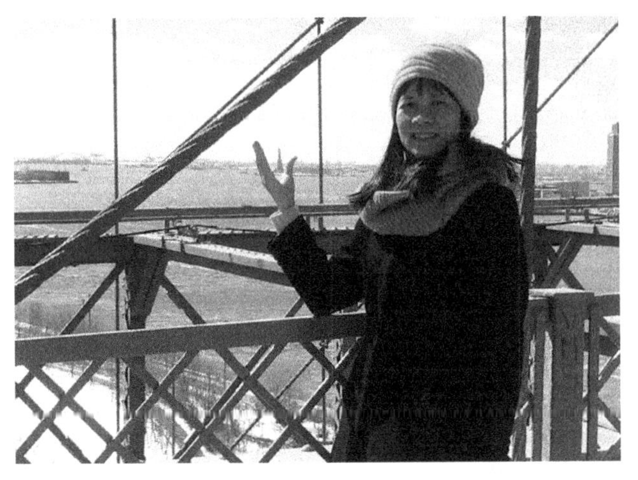

金子言

本名唐潤瓊，熱愛文字與音樂，旅居美國紐約的廣東人。世界漢語文學作家協會理事，鳳凰詩社副秘書長，《委中商報》駐美記者，公眾號以及網站編輯。有詩發表於《網絡文學》《新大陸詩刊》《仰韶》《民間詩粹》《錦江詩報》《香港詩人》《荒原詩人》《大別山詩人》等國內外紙刊，各大網站及微信平台。熱愛的事物有時會被生活擠迫成一滴水，穿過心靈，落成詩。

流浪貓

我是不是一隻流浪貓
經常這樣想
總在路上看到它們
一身柔順毛髮
抵禦無家可歸的寒冷
也可抗拒污穢侵襲
能屈能伸身子骨
逍遙自在到處闖蕩

這是第幾次拍到流浪貓
已記不清楚
它正在地鐵圍欄裡埋頭享受
不知是誰奉送的上等乾糧
那些鐵柵欄間隙太小
小心翼翼移動手機攝像頭
很艱難才對準它
它看看我，沒有害怕

當我屏息呼吸，嘗試拉近焦距
企圖捕捉它最真實眼神
它用少於零點一秒望我一眼
迅速跑開，直到遠處
當它坐下，扭過頭來時
眼睛裡寫滿委屈

我把肩上背包卸掉
手機塞進去
目光滯留片刻，它剛才呆過那地方
重新掛上背包，繼續趕路

葉落

昨夜夢裡
這個冬天最後一片黃葉飄落
在我腳邊
它選擇我路過時落下來
那個答應給我唱歌的人還在沉睡
他還在等待春天甦醒
而我已從夢中離開

這片枯黃樹葉
像小孩子眼角那一滴淚
強忍著乞討一枚糖果
從嚶嚶哭泣到放聲大哭
終究得不到
像秋風蕭瑟到冬風凜冽的過程
阻撓花開的節奏
樹枯葉飄零也是一種生長
在旁邊，陪厚厚積雪滋養萬物
靜待來年春暖花再開

平安夜

我不是信徒
不唱聖詩
不需要美味的聖誕大餐
只想好好睡一覺

忘記閃光的聖誕帽
褪下沒有禮物的襪子
脫掉厚重雪靴
把自己扔在冰冷沙發上

咬一口紅蘋果，祈願平安
磕幾顆開心果，也許會帶來快樂
打開手機給全世界發信息
祝你聖誕快樂！

此刻，你在遠方
我在北美洲的一個點
形若微塵

2016聖誕前夕，紐約

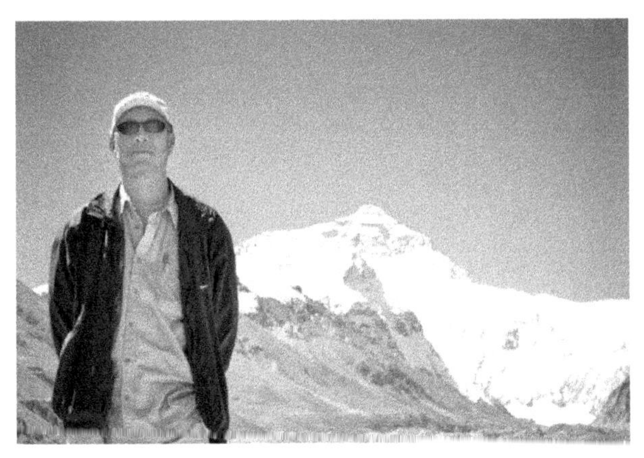

陳銘華

1956年生於越南嘉定，1979年定居於美國洛杉磯。中學時期開始寫詩，1990年12月偕詩友創辦《新大陸》詩雙月刊，兼任主編。著有詩集《河傳》《童話世界》《春天的遊戲》《天梯》《我的複製品》及《防腐劑》等。

天外來客

在它亦步亦趨一再悲傷地改變形狀之後我終於識破我影子的身份

一九九三年五月十八日

錦　鯉

大酒店寂無人的室內泳池旁邊，我揮揮手若有所待的坐下。預知將會有身材姣美的女郎作親嘴狀游來

這時候，我應該在後院餵我那些五顏六色的慾望

一九九七年八月二日紐約

圓月事件

此刻天很高
　　　公寓寂無人
　　狗想叫就叫了
　嗚 —— 一聲

　　　月 亮
一絲不掛的
　　　跳
　　了
　出
來

一九九五年十一月六日

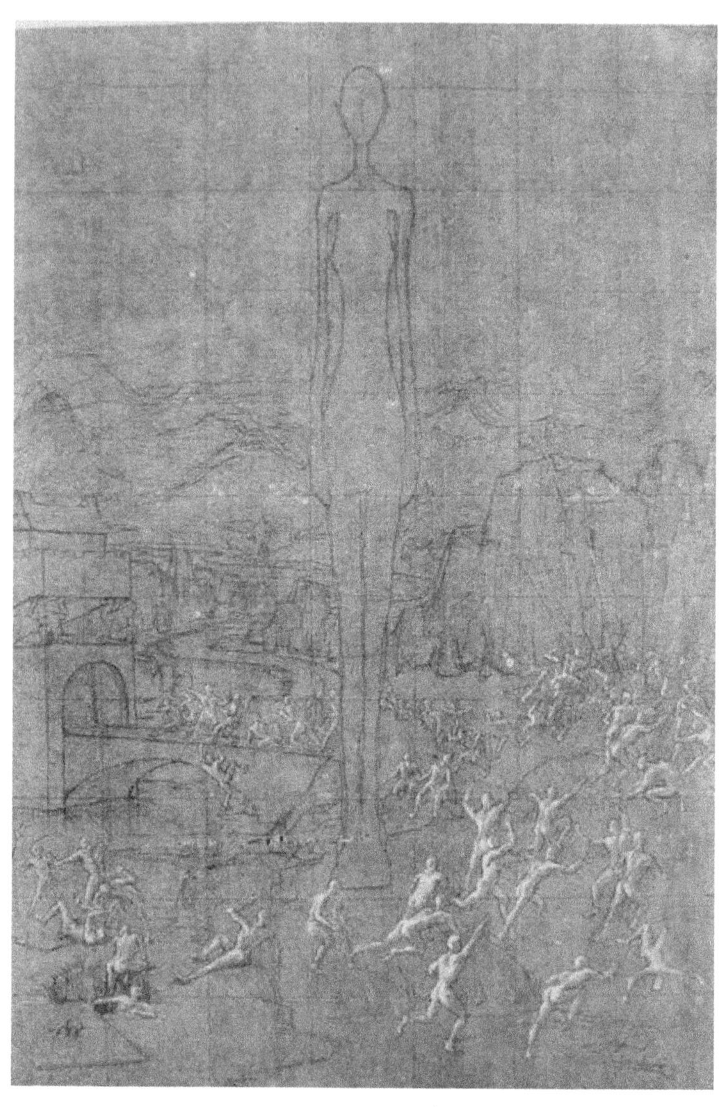

The Avenues, 2009年
劉唄寧

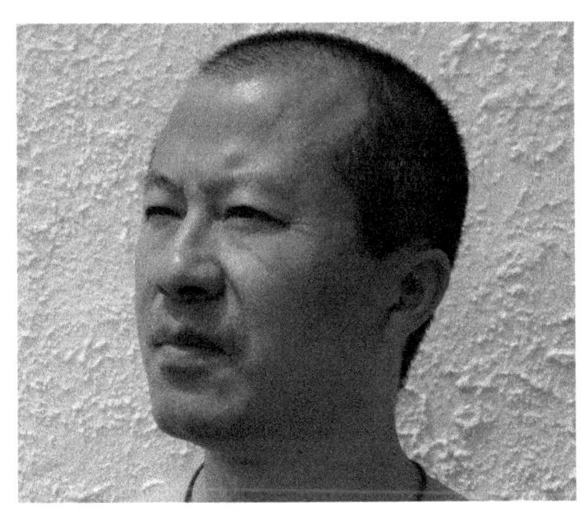

魯鳴

在紐約從事信用風險分析。畢業於南開大學哲學系和社會學系，紐約哥倫比亞大學社會醫學系社會心理學專業。最早網絡詩刊《橄欖樹》創辦人之一和編輯。已出版文集《缺少擁抱的中國人》，長篇小說《背道而馳》，詩集《原始狀態》和非文學專著《軟能力》。台灣新詩首屆雙子星獎獲得者。

如此

花落不一定結果，只為綻放
我和你在陽光下沐浴，多好！你沒有走開
此刻，下午五點，天已朦朧
我豎起大衣領子，開始回家

我有兩副藍牙無線耳機，一副給你
你卻沉默，用盡心思
我一錯再錯，沒有這份細膩
關於狗狗離去的故事，分明告訴我
簡單的真愛，很美，很出奇

我喜歡說故事
你呢，天生就注定孤獨一輩子？
這個問號是生命最高境界，我知其味
那就不要管別人，明天太陽會再出

一切剛剛起步
相握的力量生機盎然，穿透數碼
你有勇氣面對這份禮物
那就一定擁有做你自己的更好時候

這是一條路，花開依舊
天已黑了，你願意做夜裡行走的孩子嗎？

2015年11月23日於紐約

紐約時光

你戴著墨鏡，上有珠寶，下有金幣
我轉向時代廣場，氣喘吁籲
你用手機遙控我，給我發微信
我無法接受這個事實，結局
總是令人猜測和震驚

很多東西，不需要用文字表達
比如，吃貨的天堂
比如，逛某條街的秘密

西村，格林威治
東上城，布魯克林，皇后區的法拉盛
這是多麼美好的紐約時光

我們在上世紀就相識了
你和我在好幾本書裡擦肩而過
如今你失戀，而我因為與你再次相遇
故事就變得如同曼哈頓的百老匯大街
由北朝南，清清楚楚

不美嗎？你問我，咄咄逼人
我充當保鏢，給你拍照
即可就讓消息上了國內外新聞頭條
你完全沒想到，我手裡沒有草稿

此刻，正是紐約午夜高潮

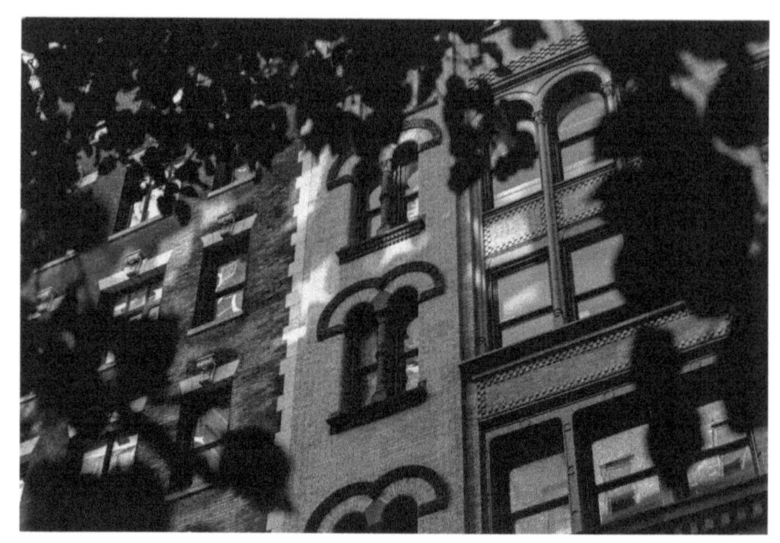

《紐約時光》

2017年10月20日 紐約曼哈頓

石天龍 Tyron Shi

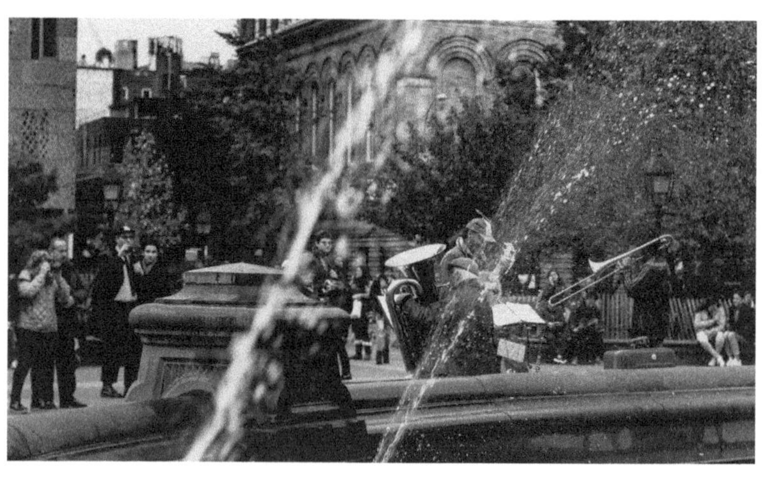

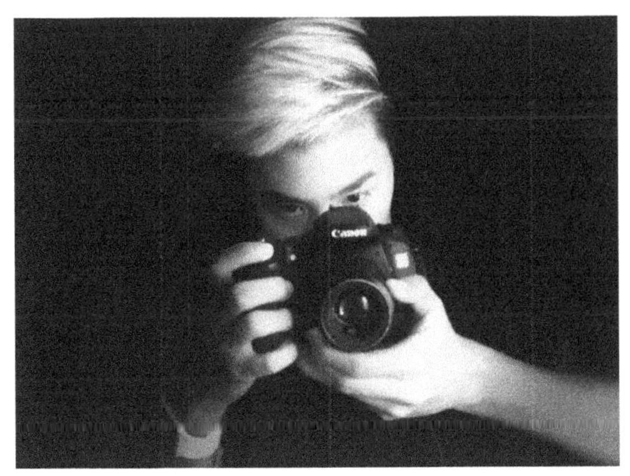

Tyron Shi
石天龍

1999年出生在紐約，高中為學校藝術校刊總編兼藝術指導，2017年設計編輯的校刊獲得CSPA哥倫比亞出版協會視覺滿分金獎。石天龍熱愛繪畫、攝影以及電子音樂製作。目前為紐約Parsons設計學院的學生。

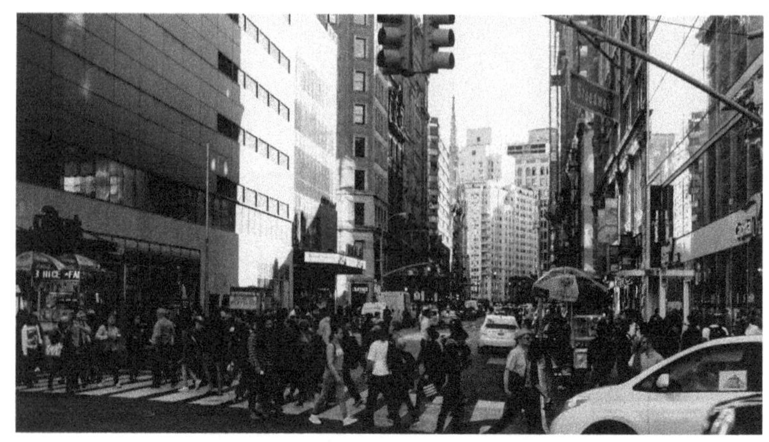

紐約時光

2017年11月10 紐約曼哈頓

石天龍 Tyron Shi

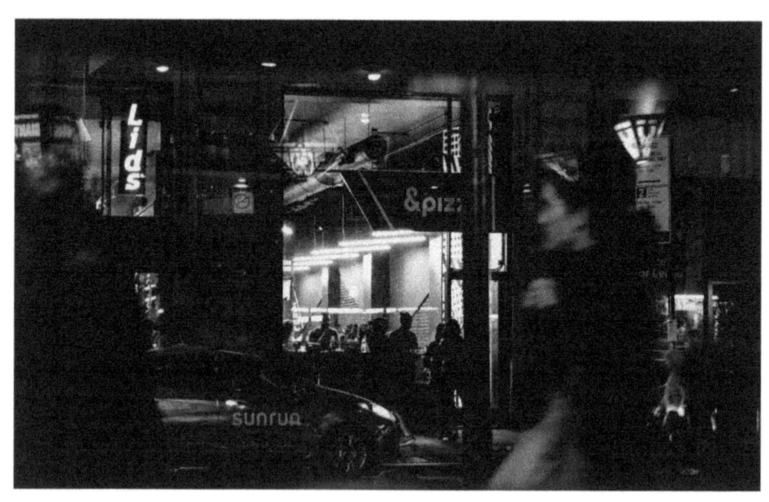

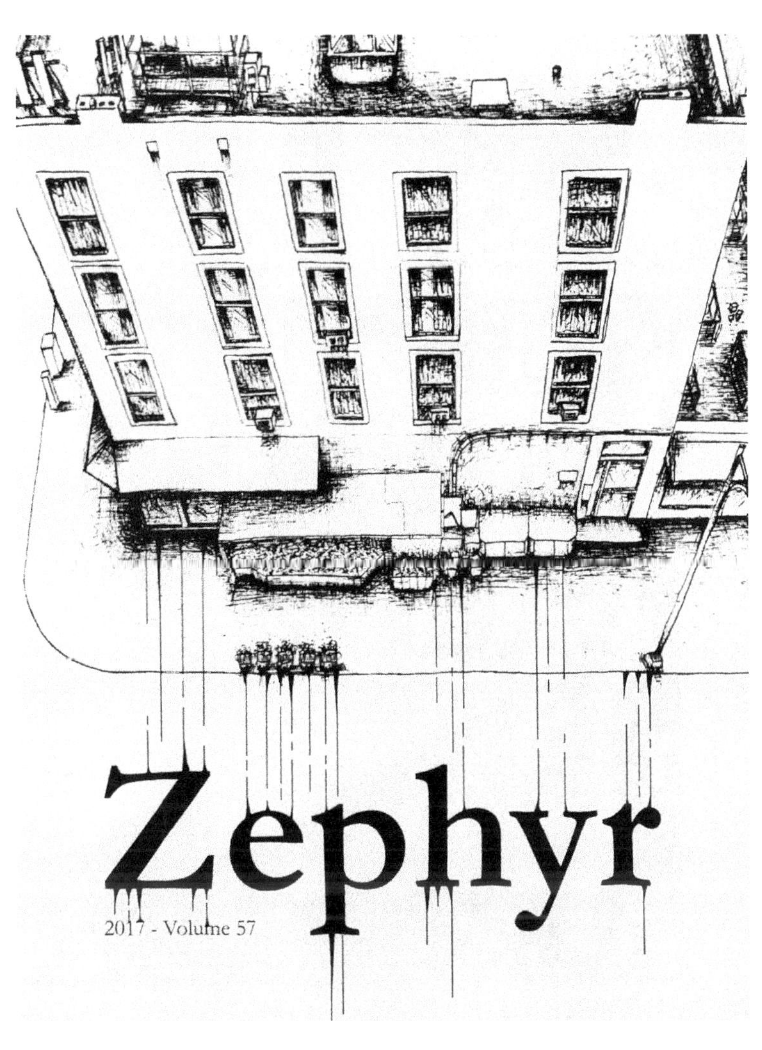

獲獎作品-紐約高中Zephyr藝術雜誌

手繪/電腦後期

石天龍 Tyron Shi

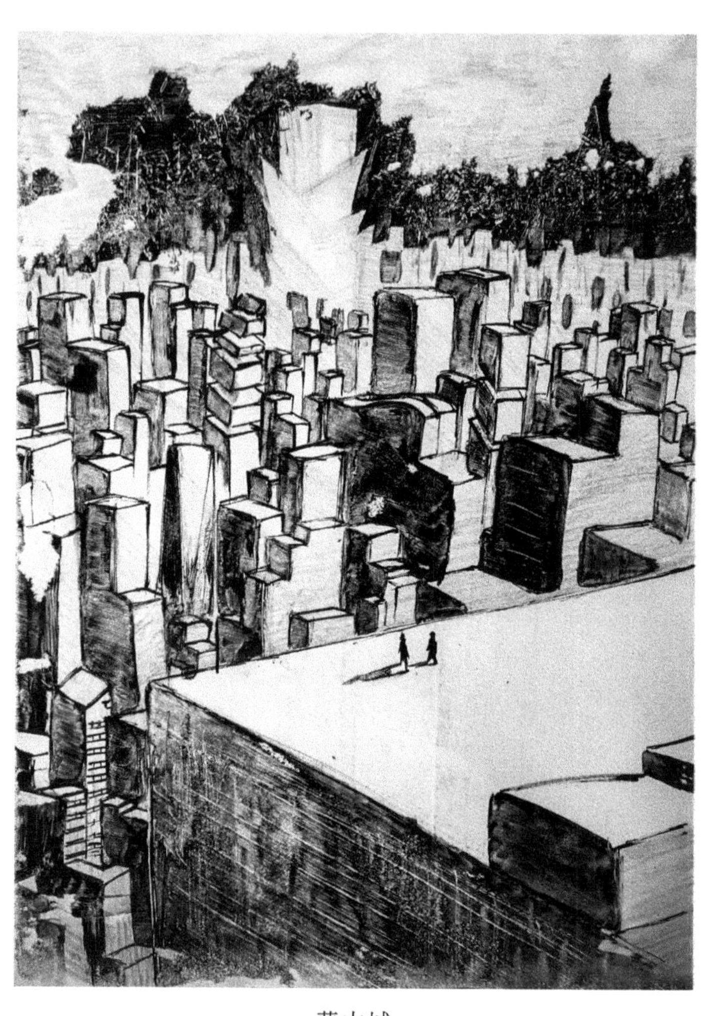

夢中城

2017 手繪

石天龍 Tyron Shi

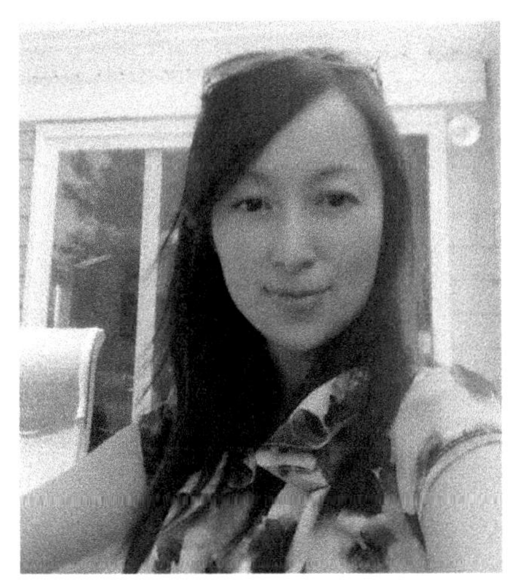

水央

李黎英，筆名水央，出生四川成都，自幼喜歡音樂文學，四川音樂學院本科民樂系畢業。2005年旅居美國至今。曾在紐約生活。作品發表於《中國愛情詩刊》《新大陸》《華文選編》《作家平台》等。榮獲《中國好詩》2017年優秀網絡詩人榮譽獎。現任《紐約六月荷詩苑》主編。

高山流水

我坐在
久違的古箏旁
垂下雙目
撫琴揮灑
窗外
是雪後的羅德島
窗內
一幅中國水墨畫
正徐徐展開

2017年12月11日

心　鏡

你彷彿是透明的
一滴晶瑩的水珠
你用沉默來問候
貼著我的呼吸
梳理每一個毛孔
你對我無所不曉
當從潮黑陰冷破土的那一瞬
陽光蒸發了夜的淚
我知道，你就在那裡
將永遠愛我

冰　山

我已漸漸沉默
緩慢成一座冰山
聳立在飄渺的雲頭

我的液體
在慢慢凝固

堅硬的雪衣
掩蓋了你看不見的
生命悸動

我在天地間
靜靜佇立
偶爾蒼鷹在我身邊盤旋
無憂亦無喜

我不知道在等什麼
或者什麼也不需要等
但當太陽越來越暖的時候
沉寂已久的寒冰
融化成一滴滴的熱淚
匯成溫暖的春溪
緩緩向你
流過來

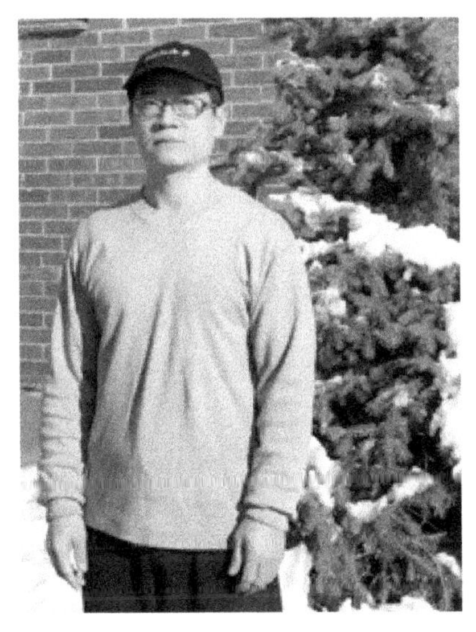

孫曉明

福建連江人，現旅居美國紐約。曾任意大利米蘭華文報社記者,作品散見歐洲各大華文媒體報刊並有作品獲獎。在英國牛津出版散文, 詩歌集《遇見》 ，於2017年3月創辦《紐約六月荷詩苑》。

心　語

誰在流年的窗前
窺探時光流轉
月亮
把我的單戀剪成相思的影

當紫羅蘭的氣息漫上季節的巔峰
往思念最深處蔓延
溫柔如你
芳香如你
那稍縱即逝的溫存
讓我還要留戀於愛情嗎

當蒙塵的聲音掠過千溝萬壑
與回憶撞擊心靈暢想
祭奠過往
憑弔遠去
那灰飛煙滅的往事
讓我還要輾轉於紅塵嗎

當我參透了生命的涵義
只想靜水深流

春 愁

在心湖
蕩漾起 水一樣的春愁

若不是春天
走得太早
殘缺也許不會
傷感也許不在

似一柄利劍
成功地刺穿我的胸膛
無言的傷害就像當年
狹小的心房流淌自尊的血
一點一點不是辜負
一滴一滴盡是孤獨

在失落的邊緣我要尋回我的本真
不要再做優雅的踱步
當傲慢變成一種牽絆
諾言也因此承載更多的牽掛
春天已經走遠
心懷還要做下一次的期待
沉默的日子裡我只有唯一

如果我能告別孤單
我的花朵會為春天盛開
但願憂愁不再重來

眠

四季又翻開
最後一頁滄桑
寒流入侵
玉蝶緊隨翩舞
這冬季的精靈
勇敢地從九天落地殉情
看, 天給地
已披上潔白的婚紗

這樣的時刻
誰都願意
在素雅的想像裡
冬眠

2017年12月9日
有感第一場雪, 寫於紐約

林小顏

90後旅美詩人，畢業於哥倫比亞大學歷史系。高中時期出版處女作詩集《吟夢錄》，以古體詩歌為主，2016年由長江文藝出版社出版現代詩歌集《看不見的特拉維夫》。她的詩歌被美國著名漢學家，詩歌評論家葉奚密評為「純粹的詩歌」，並被美國詩人及翻譯家顧愛玲評為「具有古典美」。得到聯合國書法大師崔樂仁老先生的賞識，為其詩歌賜字。

存　在

解剖一具屍體
沒有找到靈魂這個器官
於是我選擇變空
讓聲音進入體內
讓河水流進血管
風過，雲過，有聲音流動出來
聲音，氣流
在口腔，舌頭，牙齒中形成共鳴
共鳴箱裡
脈搏和呼吸都還在
區別於沉默

沉默是一種很美的躁動
是沙漠裡的暗流
是一種正在消失

而消失
是一種恆久的存在

語　言

灰睡在灰上
水開在水里
你的心
像一面乾淨的大玻璃
照見海浪和無所事事的太陽
等著要睡

那留在語言裡的心跳，溫度和眼淚
像月亮上的花開
石頭的下墜
你知道，在消失後
你還一直在我的語言中
呼吸或者沉睡

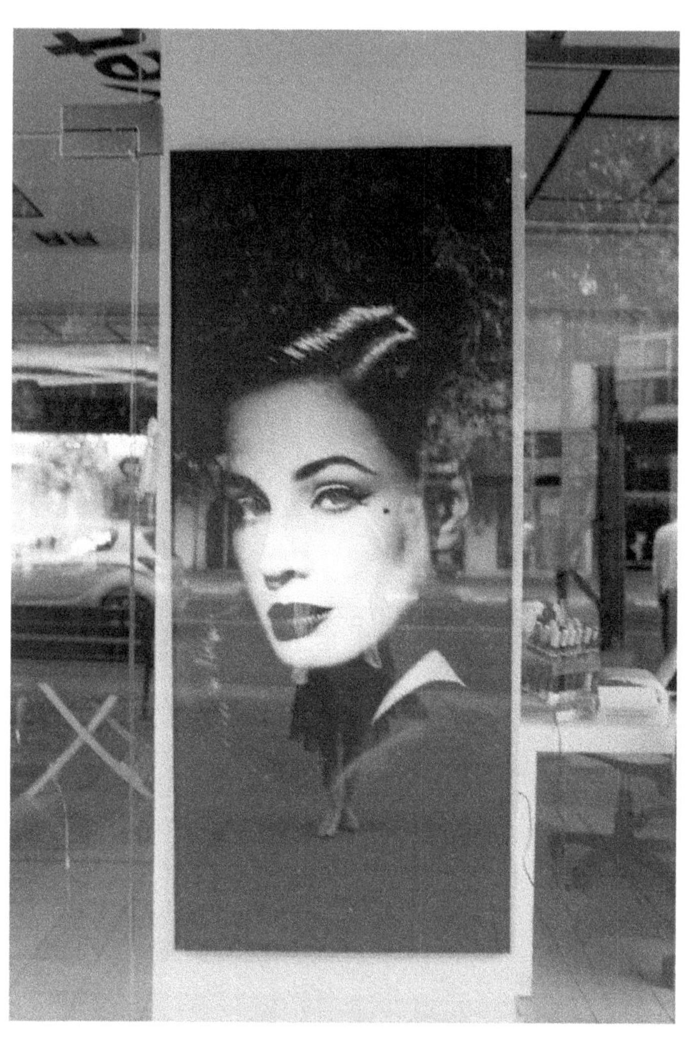

林小顏攝影

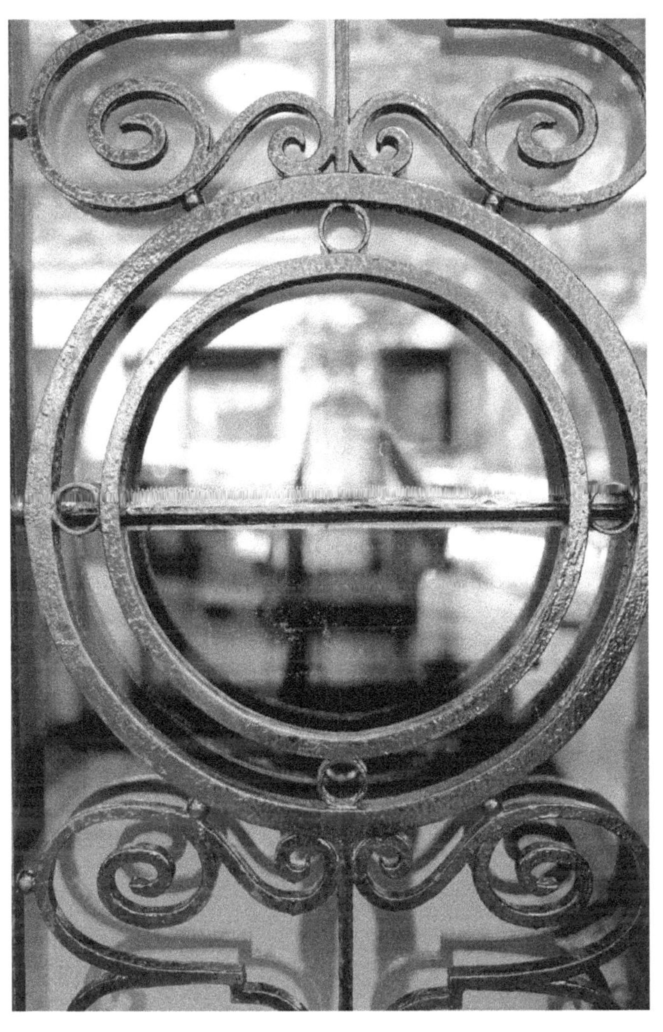

林小顏攝影

創世紀

一

我看見你
世界就有了光

二

如果不會創造
那就毀滅吧

三

知道我們活在同一個年代
知道我們會漸漸一起老去
很好

橋　頭

從前的渡口不見了
我還想去橋頭沽半斤酒
買兩個送花皮蛋
幾塊豆腐
裝兩個饅頭
下酒

我　執

冬天
血管都很冷
沒有誰在哭泣
死的人太多了
還有漫山遍野的牛羊

都柏林的獵人
圍坐在篝火旁
吃著烤羊腿
他們說：
孩子，要努力活著
並且不撒謊

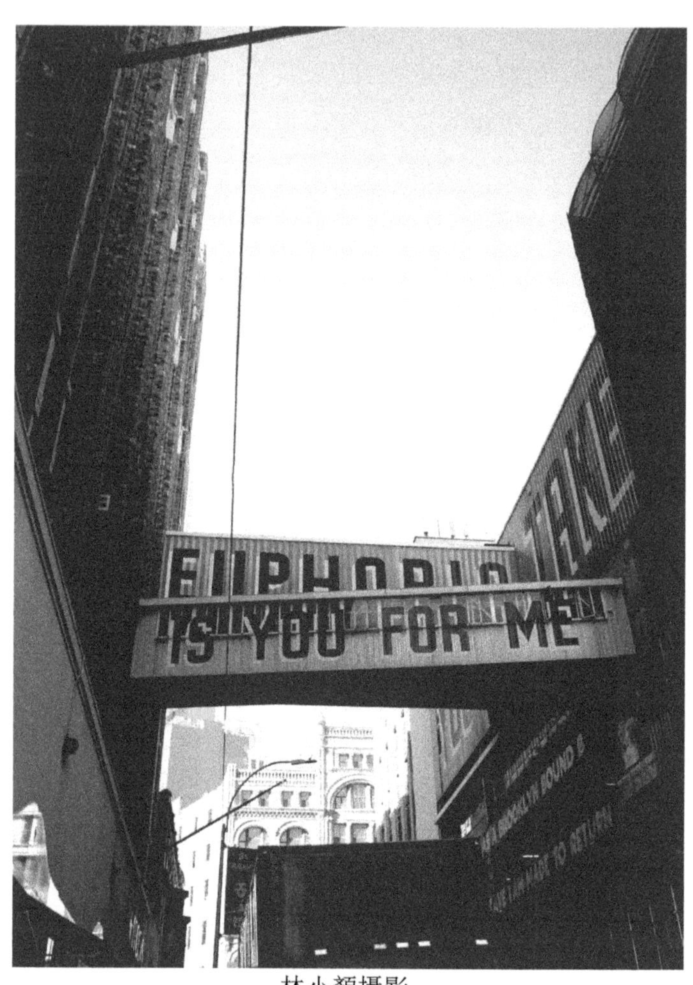

林小顏攝影

在最好的時光裡，寫一首詩

紐約君

在特拉維夫
盲人們都忘記了哭泣
死去的星星都沉入海洋
往事全都可以被原諒

在特拉維夫
所有的道路都已重疊
背後是不斷消失的河
以及無路可退的光

你不用陪伴在我身旁
我也不會守望
在特拉維夫
我們眨一眨眼就是洪荒

特拉維夫是以色列第二大城市，靠海。寫詩的姑娘叫林小顏，我的朋友，一枚歷史系詩人，常年穿梭於紐約和以色列。

認識她很久了，覺得她就是傳說中風一樣的“可惜家裡沒有草原”的女子永遠停不下來，一直在路上。

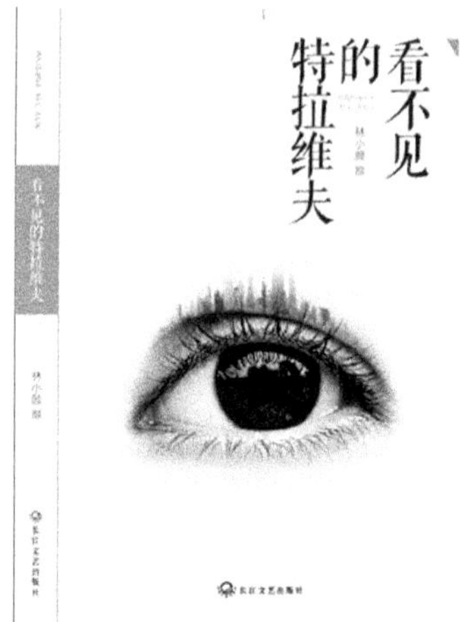

她喜歡泰戈爾說的那句：旅途盡頭，星辰永生。

問她為何那麼愛寫詩。她說詩歌就像我的生命。可以借它訴說自己所有的悲傷喜悅，絕望與夢想。

她從小就開始寫古體詩，慢慢接觸現代詩歌後，不滿現代詩的現狀。她說，要寫出屬於我們這個年代的詩。

孤獨在她的骨髓裡不管身邊的人怎麼覺得她不可理喻，她還是堅持學歷史，堅持寫詩。

作為歷史系的女子，常年看史料，寫論文，漸漸對人類文明產生一種無可奈何的情感。

“History does not repeat itself, but it does rhyme.”（歷史不會重複，但會有韻）。

人類愛重蹈覆轍，但我對人類依舊有信仰。我們只是塵埃，卻一直努力創造，不容易。相信我們的存在是為了更美好的東西。

這些對歷史的感觸都會滲透在她的詩中。“有時候家人問我在幹嘛，我說在忙，在寫詩。他們都會笑。可是這不僅僅是情懷，而是我的生命，我把它看得無比重要。”

終於在今年四月份，長江文藝出版社答應出版她的詩集，小顏哭了。

“我一直希望有更多的人能一起欣賞詩歌，不僅僅是因為我想讓大家欣賞我寫的東西，而是希望在這個時代有更多人可以一起堅持一種對光的渴望，讓世界更好“。

除了寫詩，小顏第二大愛好就是唱歌。她說詩和歌是一樣的東西。

李清照就說過“情動於中，發於聲，聲成文，則為詩。”

今年5月，小顏在曼哈頓最文藝的咖啡館書店housing Works Bookstore Cafe 辦了一場夏日詩會，她請來所有愛詩歌和音樂的朋友，大家一起彈吉他，聽音樂，讀詩。還請來普利策詩歌獎提名者Joseph Fasano一起分享。

同時，她開始對攝影感興趣。“寫詩和攝影都是孤獨的行為，非常類似。都是用自己的視角，通過已知的事物，構造出新的世界“。而她常常拍的都是一些社會角落。她說她關心人類無法遏制的苦難。孤獨焦慮，文化隔閡，社會的不公，疾病與貧窮。這些人文關懷都體現在她的詩歌和攝影中。

她说，“我知道艺术从来不能解决问题，但它们可

以让人看到问题的所在。“

现在，她又只身跑去以色列。

所以你接下来的安排是什么？

她说对于未来没有计划，一切都在旅途中。不过她列了一个名单：好好学希伯莱语、好好学历史、去次摩洛哥、好好写诗、摄影，把诗集翻译成英文。

小颜加油。

加油，為所有拒絕和現實交叉感染，仍在夢想的路上走著的你們。

2016年8月3日

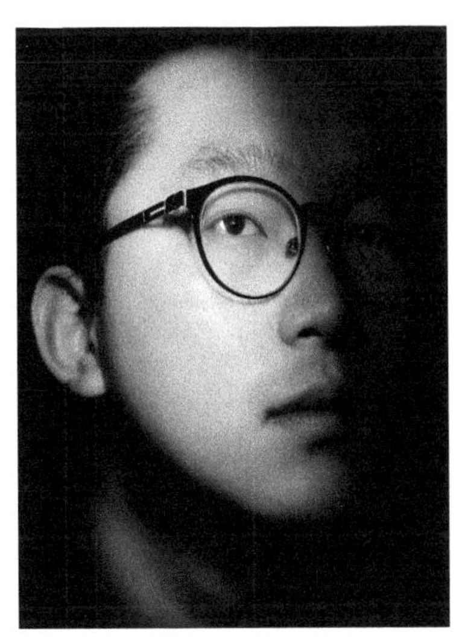

張紹億

現居紐約的攝影師，擅長商業肖像攝影。從上海到新西蘭再到紐約，他的職業發展方向越來越清晰。與此同時他也一步步加深了自己對攝影的認知。從紐約視覺藝術學院（視覺藝術學院）數字攝影（Digital Photography）獲得碩士學位之後，他一直在繼續畢業作品項目的拍攝——紐約中國。這個項目專注於記錄在紐約的各個領域的華人和華僑每一張環境肖像都展現了每個人在各自領域的成就，通過這個項目，他希望可以漸漸改變長久以來存在於美國社會中，對中國移民的固有印象;以及展現華人群體的多樣性和開放性。目前這個項目已經在紐約視覺藝術學院以及紐約YUI畫廊展出。

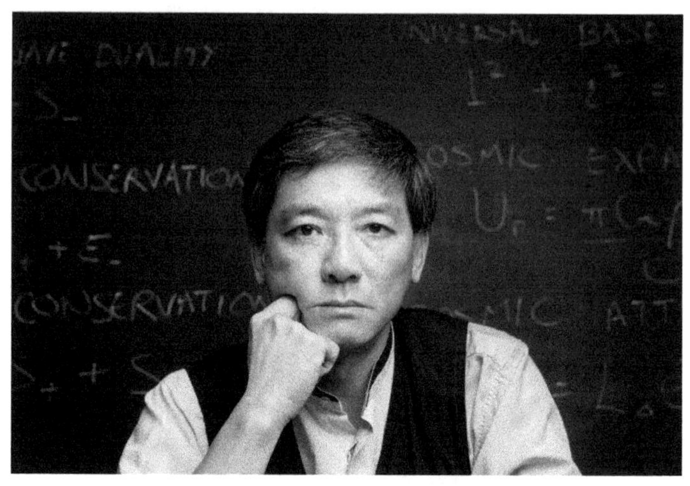

Leong Ying

Chinese in New York 《紐約的中國人》

The photographic project Chinese in New York features Chinese and Chinese American professionals. Apart from indicating professions, the project tends to challenge long-standing stereotypes and prejudices against Chinese immigrants that have been existing within American society.

攝影項目《紐約的中國人》介紹了居住在美國的華裔及美籍华裔專業人士。這個項目除了標示專業外，還挑戰美國社會長期存在的對華人移民持有的陳規觀念於偏見。

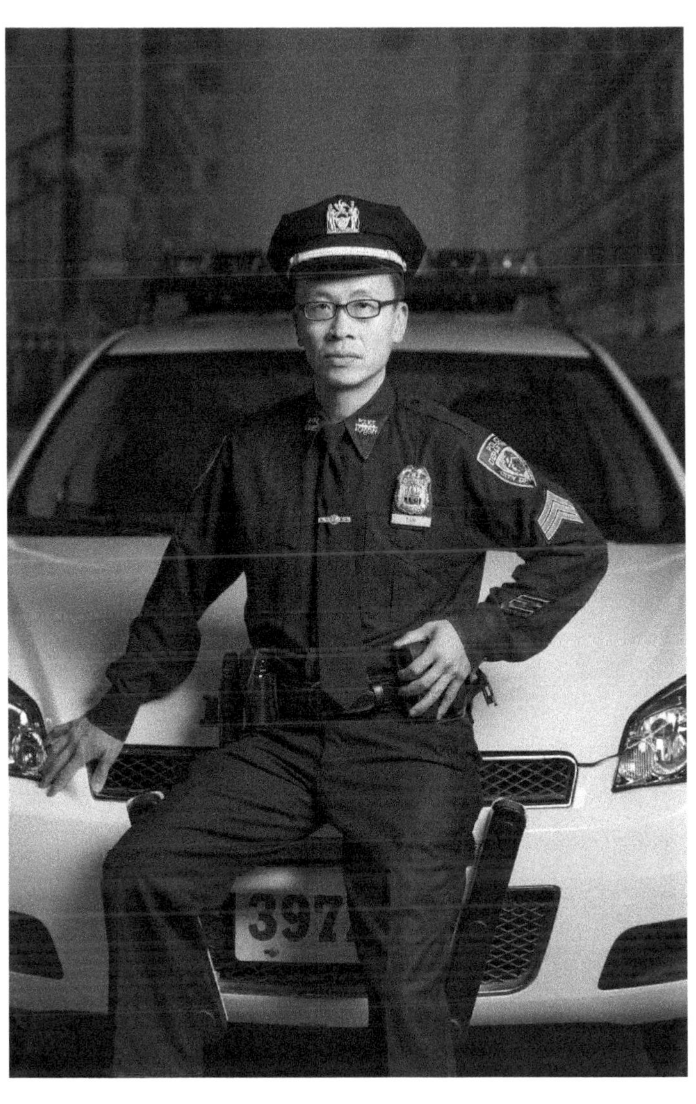

Peter Tam

Chinese in New York 《紐約的中國人》

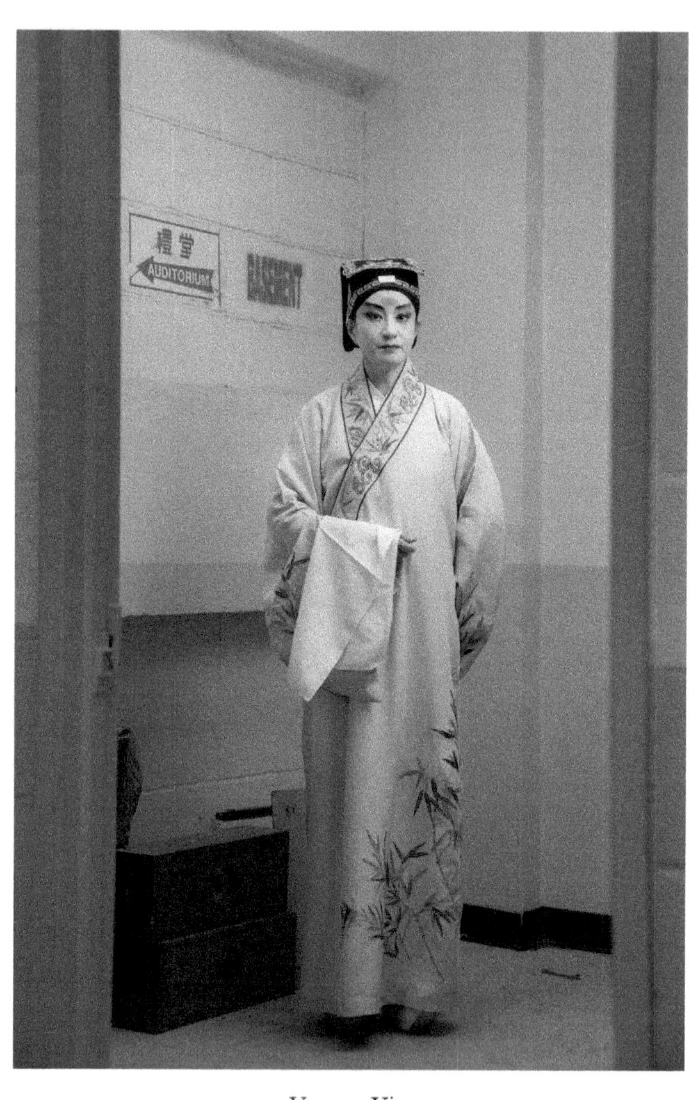

Yurong Xin

Chinese in New York 《紐約的中國人》

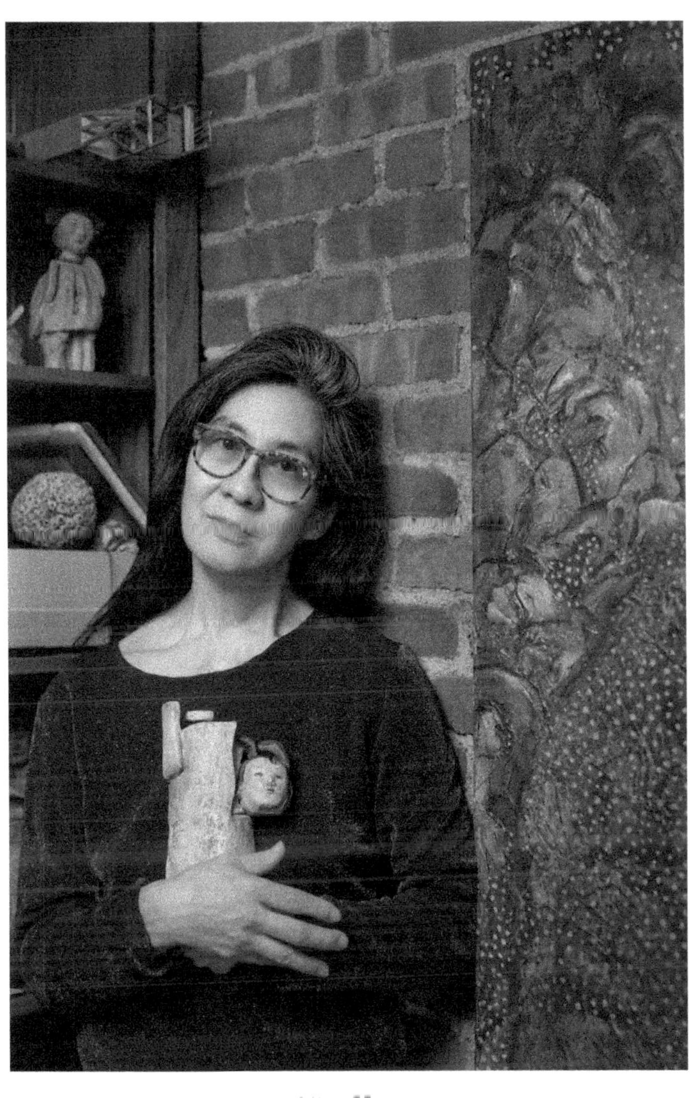

Nina Kuo

Chinese in New York 《紐約的中國人》

Rising Light: Shaoyi Zhang's journey from landscapes to architecture to people

Harley Anderson

Some people come to photography in a relatively straight path. Others find their way to photography in a more circuitous manner. A native of China, Shaoyi Zhang spent his university days training to be a biologist only to realize his true calling was to be a photographer.

Zhang's grandfather was a newspaper photographer before the Cultural Revolution, which made photography part of the family narrative. Before heading to a new life in New York Shaoyi's mother bought him a Nikon D40 - a camera that helped him hone his photography skills. The camera also enabled him to up his skills at shooting landscapes, a genre of photography he loved despite the fact he was painfully aware of how difficult it could be earning a living shooting landscapes. To remedy that problem Zhang began promoting himself as an architectural photographer, which while more profitable, was less-than-satisfying both creatively and personally.

While in college he was fortunate to get an assisting job with Robin Mas - a French-born portrait photographer working in Shanghai, from whom he learned volumes about lighting, posing people, communicating with models, editing, retouching, and other realities of being a successful photographer. It was during his time working for Mas that Zhang came to realize portraiture was his calling. And when Zhang decided to move to New York for further education, it was Robin who suggested Zhang look into the School of Visual Arts in NYC as being the best school for him in his soon-to-be- new hometown.

Zhang found SVA's curriculum to be ideal for his needs. SVA offers a choice of pathways into photography including business classes, which he readily recognized as being imperative if he expected to survive in a competitive.

For inspiration Shaoyi looks to a select number of iconic shooters that include Irving Penn, Dan Winter, and at the top of his list - a well-worn book of photographs by Arnold Newman.

Another big influence in Zhang's journey has been his key mentor at SVA, Ethan Hill, whose advice, knowledge, patience, and appreciation for the details in both business and photography has made a lasting impression on him.

Zhang's experience as an architectural photographer is apparent in the way he composes his photographs. He gets in tight, often real tight, and he plays positive and negative spaces off one another very well. His lighting is equally well staged, sometimes more obviously than not, and together they create portraits that hijack your eyes.

During his time at SVA Zhang began experimenting in earnest photographing models first with one light, then two lights, and soon three lights. When shooting in the studio he uses Profoto D4 Studio Packs with Profoto ProHead Plus Heads. Though he doesn't like limiting himself when it comes to light modifiers his current preferences include the Profoto Deep umbrella (L), and RFi Softbox Octa 3'.

Other light shapers Zhang makes use of are Profoto Zoom Reflectors, Profoto Umbrellas, and Profoto Deep Umbrellas. Whatever tools light the scene the way he sees it in his mind's eye, that's the tool he chooses.

Zhang often chooses the White Beauty Dish for his portraits because he finds it hits the sweet spot between hard and soft light. Another combination of light modifiers he likes using are Profoto Zoom Reflectors with Profoto Barndoors that he uses to narrow the light into sharp strips of light that cross the frame.

When shooting on location he packs Profoto B1 off-camera flash heads and Profoto Deep Umbrellas (Large), often with diffusers. "Profoto Deep Umbrellas have nice gradients, highlights, and shadow details, and I can adjust the look of the light by using the reflector's zoom function".

A project that has been dear to his heart is 'Chinese in

New York', a series of environmental portraits of Chinese immigrants who like himself have made New York their adopted home. The style of the portraits - the way they are composed and lit, presents each of his subjects with equal measures of dignity regardless of how long they've been here and how far they've come.

Having recently graduated from SVA Zhang finds himself pursuing his photography with the goal of shooting editorial portraiture while pushing his comfort zones by getting involved with shooting and/or directing documentaries.

His immediate goal is to land an assignment to shoot his first magazine cover. A longer term project is to see his Chinese in New York series published in book form. Stay tuned.

19 September, 2017

流光可追，诗影相随

曹莉

《纽约流光诗影》，我好奇主编纽约桃花当时怎样想到这个诗意、时空和动静交融一体的书名，它让我想起宋代词人蒋捷的名句“流光容易把人抛”。在我看来，这本诗歌、艺术文集精简地拓印出了30年来几代汉语现代诗人、艺术家曾经或者正在纽约留下的足迹，捡拾起中西文化融合前线显现先锋气质的部分代表作品。

中国大陆文革结束后赴美的诗人、作家及艺术家血液中的传统文化基因，在新世界自由的空气里独立呼吸、发酵，催发出不少结合中西方多元艺术风格的个性作品。书中作品的选编勾勒出这个进程的轮廓，为读者了解汉语现代诗近年在海外的延伸发展提供了一幅小而精的缩影。

上世纪80年代末来到纽约的主编桃花这样诠释她对纽约精神的理解：“纽约以随着时代的改变而不断进取的态度与独树一格、决不妥协的精神成为全球经济与艺术的领军者......所有的艺术形式展现的都是背后的创造者。他们的经历及世界观形成了他们独特的观点..诗歌也好，艺术作品也罢，都可以折射这种纽约精神的共性‘’。

我是2006年开始在纽约生活，我眼中的纽约相比其他国际都市，多一份对异己文化的包容，对个性、创新和竞争精神的推崇。因为包容，种族、文化和艺术的多样性在这里相安共生；因为包容，这个城市总显得从容自信；因为崇尚竞争，移民们在这片土地大多脚步匆匆，都在努力工作不被竞争淘汰，都尽力通过个性的张扬和独创得到世界眼光的认可。书中的作者们刚到美国大多有过从最初的兴奋，到为生存和文化融入挣扎的经历，再到后来，飘荡在纽约空气中的自由、从容和大气也渗入他们的皮肤、细胞，促动他们在谋生的空隙以多种形式开始个人的艺术表达。

也许因为纽约桃花，葛文潮等编者自身一直坚持文学创作，活跃于纽约文化艺术圈的缘故，他们选编的作品比较全面概括了纽约华人现代诗歌、艺术创作的轨迹和现状。书的开篇是用诗人、画家严力的现代诗作《巧遇》，以春天烘托诗歌降伏黑暗存在的强大气场，这个意象正好象征了诗歌和艺术创作的终极意义。我忍不住引用几行，愿诗歌的光彩帮助驱散所有读诗、写诗者人生历程和思想中隐藏的黑暗。

但它被春光勾着手臂的出场像个王
恍惚中我看见
来不及回避的黑暗

都在原地跪了下来

除了严力，书里还收录介绍了同样跨诗、画两界的艺术家张朗朗、石村的作品，以及介绍他们创作思想的采访文录。这本诗文集收录的29位作者的年龄跨度达60年，90后新锐作者也在其中。我还在其中读到了口语诗代表诗人伊沙、徐江的作品。更高兴的是我在作者名单里看到了目前活跃在纽约文坛，我熟识而又敬佩的王渝、黄翔、张宗子、邱辛晔、葛文潮等诗友、文友。这本书还让我结识了几位优秀的同辈人，包括主编桃花，诗人凌岚、冰果等等。因书结缘，在物欲如洪流的时代，也算是一道别样的风景吧。

书中收录的文章、艺术创作或是在异域的陌生里寻找熟悉的文化元素和情感，用旁观的清醒看纽约，或用纽约和世界的眼光再回头反思母土的文化，用哲思和扩大的视野分析透视浮华背后的真谛，或是自由、充分地表达个性和反叛。无论这些作者今天仍生活在纽约，还是在两种文化里穿插，或是到访过纽约后又回到了母国继续创作，我们都能从他们作品看到纽约留在他们身上或显或隐的印记。

我本人也有几首短诗被收录在内，虽然我写现代诗时间并不长，但作为热爱诗歌和文学，关注中西文化融合的一名新移民，我的努力能得到文坛前辈的注意是幸运的。我也为能加入到海外华人传承、传播、发扬汉语语言魅力的行列中来感到荣幸。为此，我要特别感谢本书编辑葛文潮先生予我这样的机会。

与其说我也是本书作者之一，我更习惯的身份是读者，《纽约流光诗影》读完了，我忍不住想借用并改动一下开头提到的那句宋词，以欣慰之意替代感概之情。

纽约常惹笔生情，流光可追，诗影相随。

2018年9月7日

写于纽约皇后区法拉盛

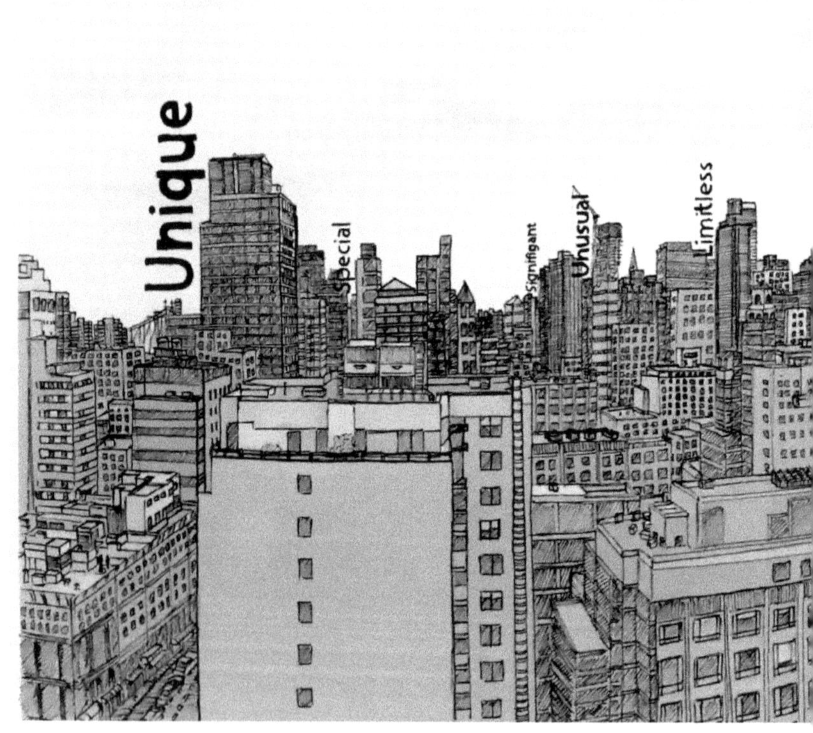
Unique
Special
Signifigant
Unusual
Limitless

Tyron Shi 石天龍作品

2015年 紐約

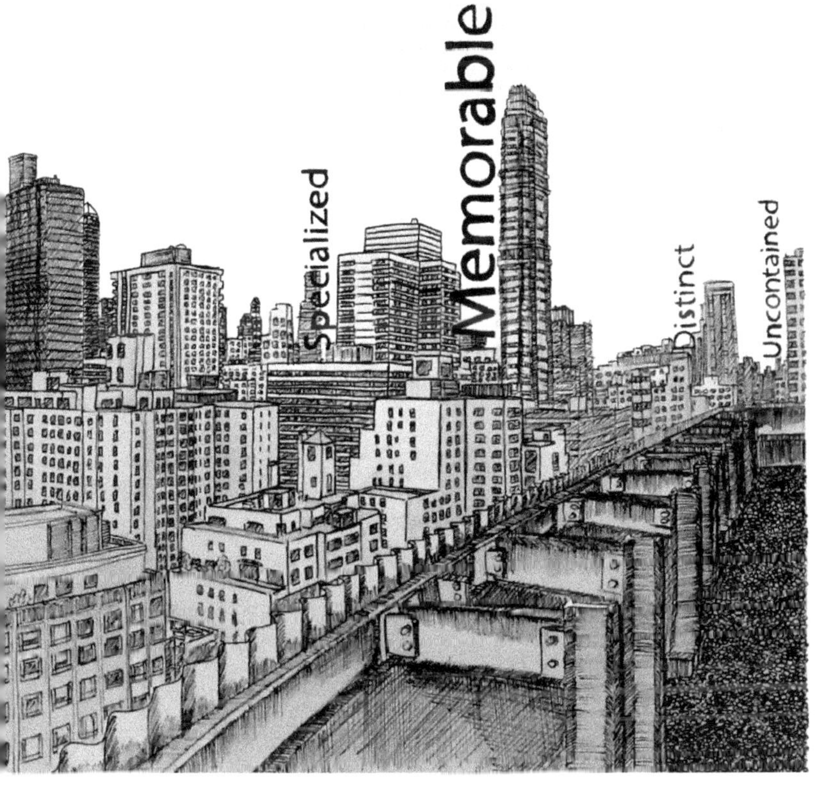

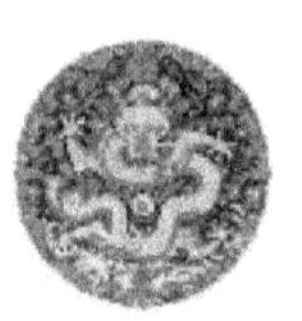

龍出版 纽约

Long Publishing

www.ai60.com

Published and Printed in USA

Feb, 2019 New York

www.ingramcontent.com/pod-product-compliance
Ingram Content Group UK Ltd.
Pitfield, Milton Keynes, MK11 3LW, UK
UKHW020417250726
13967UKWH00007B/2691

9 781732 035805